40일
사순절
묵상

40일 사순절 묵상

초판 1쇄 발행 | 2020년 2월 19일
초판 2쇄 발행 | 2023년 2월 20일

지은이 | 하정완
펴낸이 | 이한민
펴낸곳 | 아르카

등록번호 | 제307-2017-18호
등록일자 | 2017년 3월 22일
주   소 | 서울 성북구 숭인로2길 61 길음동부센트레빌 106-1805
전   화 | 010-9510-7383
이메일 | arca_pub@naver.com

홈페이지 | www.arca.kr
블로그 | arca_pub.blog.me
페이스북 | fb.me/ARCApulishing

책   값 | 뒤표지에 있습니다
ISBN | 979-11-89393-08-3 03230

아르카ARCA는 기독출판사이며 방주ARK의 라틴어입니다(창 6:15).
네가 만들 방주는 이러하니 … 새가 그 종류대로, 가축이 그 종류대로,
땅에 기는 모든 것이 그 종류대로 각기 둘씩 네게로 나아오리니 그 생명을 보존하게 하라 _창 6:15,20

아르카는 (사)한국기독출판협회 회원 출판사입니다.

40일
사순절
힘든 나는 사라지고 · 주와 함께 살아나는
묵상

하정완 지음

아르카

차례

Part1

**재ash를
묵상하다**

Part2

**죄sin를
묵상하다**

Part3

**비우심, 낮추심,
그리고 죽으심**

40일간
주님의 길을
묵상하기

예수를 따르는 제자로서 언제나 하고 싶었던 것은 주님을 깊이 묵상하며 사는 것입니다. 하지만 우리가 사는 세상 여건이 그리 녹록치 않은 까닭에, 늘 자신이 처한 문제에 집중하고 그 문제에 매달려 시간을 보낸 것이 대부분이었습니다.

　이같은 삶의 형편 때문에, 우리는 언제나 우리의 문제를 놓고 기도하며 씨름하거나 삶의 축복과 번영을 구하는 일에 더 관심을 기울였습니다. 그러다가 고난주간을 맞이하면 그 주간 동안 간신히 특별 새벽기도회에 참석하는 것이 전부였습니다. 그렇다고 해서 주님의 고난을 묵상하고 삶에 적용하여 살 수 있는 시간이었다고 말할 수도 없습니다. 그러는 사이에 우리에게 그리스도의 고난은 삶과 관계없는 과거의 사건이 되고만 것이 사실입니다. 그때 문제가 발생하였습니다. 주님의 고난과 죽음을 깊이 생각하지 않은 채 부활만을 강조한 까닭에 왜곡된 부활 신앙을 갖게 된 것입니다. 고난을 회피하는 크리스천과 교회로 굳어진 것입니다.

쉽고 편한 신앙과 성공지향적인 번영복음에 길들여지자 급기야 크리스천과 교회는 맛 잃은 소금 같은 모습이 되고 말았습니다. 세상이 교회를 손가락질하고 비웃는 지경에 이르게 하였고, 그 순간 더럽혀진 것은 우리보다 먼저 예수 그리스도가 되었습니다. 또한 그 귀한 복음은 헐값에 나눠주는 '값싼 복음'으로 전락했고 말입니다.

이 책은 한 가지 목적을 위해 썼습니다. 곧 예수의 고난과 십자가, 죽음을 깊이 묵상하기 위함입니다.

사순절(四旬節, Lent)은 부활주일 전까지 여섯 번의 주일을 뺀 40일 동안을 말합니다. 처음에는 주님이 무덤에 계셨던 사흘 정도를 주님을 생각하며 지냈는데, AD 325년 니케아 종교회의 이후 교회가 지키는 절기가 되었습니다. 실제로 주일을 포함하면 부활주일까지 46일이 되지만, 주님이 부활하신 주일은 금식하지 않고 예배하며 지내는 까닭에 사순절에는 주일이 포함되지 않습니다.

전통적으로 사순절에 주별로 묵상하는 주제는 다음과 같습니다.

첫째 주는 그리스도가 받은 유혹을, 둘째 주는 죄에 대한 생각을, 셋째 주는 회개를, 넷째 주는 치유를 생각하고, 다섯째 주에 종려주일을 지내며 주님의 고난을 묵상하였습니다. 이 책은 이같은 주제들을 모두 담지만, 오늘 우리 상황에 맞게끔 변형하고 발전시켜 썼습니다.

사순절은 처음 의도와 달리 시간이 지나면서 변질되었습니다. 특히 사순절 기간 동안 금욕과 절제의 삶을 살다가, 그 후 지나치게 자유로운 축제, 곧 사육제 같은 것이 벌어지면서 오히려 문란한 쾌락으로 전락한 것입니다. 이런 이유 때문에 칼뱅이나 루터 같은 종교개혁자들이 사순절을 배격하여 개신교에서는 많이 지키지 않는 절기가 되었습니다.

분명 원래 의도와 달리 변질된 사순절과 사육제에 대해 나쁜 인식이 있지만, 사실 한국교회와 별로 상관이 없는 일입니다. 특히 사육제를 지키는 일은 거의 없다고 해도 틀리지 않습니다,

그런 의미에서 우리는 사순절을 원래 지키고자 했던 의미대로 주님의 고난과 십자가와 죽음을 묵상하면서, 금욕과 금식, 절제와 희생의 삶을 사는 시간으로 지키면 됩니다. 이를 위해 다음과 같은 몇 가지 행동 제안을 드리고자 합니다.

금식 헌금

사순절 기간인 40일 동안 하루 한 끼 금식을 하고, 40일 동안 음식 값으로 지불될 돈을 모아서 굶주리고 고통 받는 이들을 위해 쓰도록 헌금합니다.

절식

지나친 육식을 금하고 가능한 절식을 하며 주님을 기억합니다.

문화 금식

문화적으로 세상적인 것들, 곧 오락과 게임, 지나친 SNS활동, 쾌락적인 행동을 평소보다 줄입니다.

온전한 신앙생활

그동안의 규모 없는 신앙생활을 벗어나 예배, 큐티, 헌금 등에서 이전과는 조금이라도 달라진 신앙생활로 업그레이드하는 기회로 삼습니다.

　주님의 고난과 십자가 그리고 죽음을 묵상하는 40일의 여정을 거치면서 주님과 더불어 살고 깨닫는 시간이 되기를 원합니다.

사순절을 앞두고

하정완 목사

주님의 고난을
제대로
묵상하기 위하여

이 책은 개인과 공동체 누구나 묵상할 수 있도록 디자인되었습니다.
각자는 매일 주어진 성경 구절과 함께 묵상 글을 읽어가며 묵상하면
됩니다.

언제든지 사순절

비록 이 책의 기본 구성은 절기상 사순절용이지만, 원래 주님의 고난과
죽음을 묵상하는 것은 1년 내내 이뤄져야 한다고 볼 때, 사순절 기간이
지났을지라도 자신이 정해놓은 기간에, 40일 동안 묵상을 할 수도 있습
니다.

묵상 행동

묵상 행동은 그 날 묵상한 내용을 가지고 어떻게 살아야 하는지를 제시
한 가이드입니다. 단순히 묵상 글을 읽는 것으로 끝내지 말고 삶 속에서
실제로 살도록 준비된 것입니다.

묵상 행동의 가이드를 따라 하루를 산 후에는, 살았던 시간을 돌아보며 정리하는 시간을 꼭 가지셔야 합니다. 그리고 느낀 것을 영성일기처럼 적기를 권합니다.

묵상 행동이 주어졌을 때 그날로 끝내는 것보다, 계속해서 그 묵상 행동들을 40일 내내 이어지게 할 수 있습니다. 예를 들어 10일째 하는 회개의 손 씻기 같은 경우, 그 날 하루만 하지 않고 40일을 계속해서 하는 것이 좋습니다. 아예 평생 자신의 묵상 행동 습관으로 만들어도 좋습니다.

묵상 퍼포먼스

군데 군데 소개되기도 하지만 고난주간에 집중해서 배열된 묵상 퍼포먼스는 묵상을 몸으로 더 깊이 체험하기 위한 것입니다. 그 전날에 미리 살피고 준비하는 것이 좋습니다. 예를 들어 '35일, 풍선 불기를 멈추다'를 위해 그 전날에 풍선을 준비하는 일 같은 것 말입니다.

고난주간 기도

고난주간에만 특별히 기도문을 넣었습니다. 더 깊이 기도로 나아가기 위함이지만, 기도문이 없는 매일의 묵상에도 기도문을 스스로 써 넣어 기도할 것을 권합니다.

나눔

묵상 생활은 혼자 하되, 반드시 그날 살면서 얻은 깨달음을 다른 이와 함께 나누는 시간을 갖는 것이 좋습니다. 가능한 한 명 이상의 지체들과 카톡방 등을 만들어 서로 매일의 깨달음을 나누는 시간을 가지시기 바랍니다. 더 깊은 깨달음을 얻게 될 것입니다.

Part 1

재ash를 묵상하다

1일. 수요일
재를 묵상하다

재의 수요일,
재를 바르다

네가 흙으로 돌아갈 때까지 얼굴에 땀을 흘려야
먹을 것을 먹으리니 네가 그것에서 취함을 입었
음이라 너는 흙이니 흙으로 돌아갈 것이니라 하
시니라 _창세기 3:19

왜 '재의 수요일'인가?

사순절은 재의 수요일(Ash Wednesday)부터 시작하여 주님이 부활
하신 주일까지, 주일을 뺀 40일 동안 우리를 위해 대신 죽으신 예수
그리스도를 묵상하며 회개하고 자신을 돌아보는 기간입니다. 특히
사순절의 집례자는 창세기 3장 19절 말씀을 읽었습니다.

너는 흙이니 흙으로 돌아갈 것이니라 _창 3:19

이처럼 사람이 머리에 재를 뿌리고 재 가운데 거하는 것은 죄와 죽음을 표현하는 것이고(욥 2:8) 그것을 시인하는 행위입니다. 그러므로 재는 인간의 죄로 인한 죽음을 상징하지만, 또한 죄의 자복과 회개를 의미한다고 말할 수 있습니다. 특히 자신이 재, 곧 먼지 같은 존재임을 생각하므로, 그런 우리를 위하여 주님께서 고난 받으시고 십자가를 지시며 대속의 죽음으로 나아가셨다는 사실은 감격일 수밖에 없습니다. 자신이 재였다는 것을 아는 것은 그래서 중요합니다.

그러므로 재의 수요일은 단순한 회개나 고난에 동참하는 것의 의미를 넘어 새로운 시작을 의미했습니다. 그런 관점에서 사순절이란 단어가 흥미롭습니다. 사순절은 영어로 표기하면 렌트(Lent)인데, 그 단어는 '봄'(lencten)과 '길다'(lang)라는 고대 영어에서 유래합니다. 즉, 죄의 세월로서 긴 겨울을 끝내고, 재를 뿌리고 회개함으로 봄을 연다는 뜻입니다. 그 봄은 예수 그리스도의 부활로 완성됩니다. 그러므로 재의 수요일은 절망이 아니라 희망을 말하는 것입니다.

이 사실을 정확하게 인식하였던 본회퍼 목사는 나치에 의해 교수형을 당해 세상을 떠날 때, 다음과 같은 마지막 인사를 남길 수 있었습니다.

"이것이 마지막입니다. 그러나 나에게 있어서는 삶의 시작입니다."

재의 수요일에 쓰는 재는 보통 1년 전 종려주일에 사용했던 올리브 나무를 태운 것을 사용했는데, 기억을 의미합니다. 우리가 아무리 열심히 살아도 재 곧 먼지 같은 존재이기 때문입니다. 그런 우리가 예수를 믿으므로 그리스도 안에서 '새로운 피조물'(고후 5:17)이

된 것입니다.

그러므로 언제나 우리의 '재'됨을 기억하며 겸비함으로, 하나님의 자녀가 되게 하신 그리스도 예수를 생각하는 것이 중요합니다.

묵상 행동

올리브 나뭇잎이나 나뭇잎을 태운 재에 올리브유를 붓고 섞습니다. 다 섞은 후, 그 재를 찍어 이마 혹은 손목에 십자가를 그으면서 다음의 기도를 드립니다.

나는 죽어야 마땅한 죄인입니다.
이 시간 재를 마음에 뿌리며
그 죄된 존재임을 인정하며 고백합니다.
이처럼 고백한 이 사람을 용서하여 주시고
주님의 구속을 누리며 기쁨을 회복시켜 주옵소서.
예수님 이름으로 기도합니다. 아멘.

기도가 끝난 후 이마 혹은 손목에 그은 십자가를 휴대폰 사진으로 찍고, 남은 주간 동안 그 사진을 종종 들여다보면서 기억하고 기도합니다.

¹⁶여호와 하나님이 그 사람에게 명하여 이르시되 동산 각종 나무의 열매는 네가 임의로 먹되 ¹⁷선악을 알게 하는 나무의 열매는 먹지 말라 네가 먹는 날에는 반드시 죽으리라 하시니라 _창 2:16-17
(더 읽기, 창 3:9-10,17-19)

재의 변형

원래 먼지였다

아담과 하와가 선악과를 따먹고 죄를 범했을 때였습니다. 그들은 언젠가 죽음을 맞이하게 되었습니다. 죄 때문입니다.

네가 먹는 날에는 반드시 죽으리라 _창 2:17

드디어 숨어 있는 아담과 하와를 찾으신 하나님이 아담에게 이렇게 말하셨습니다.

> 너는 흙이니 흙으로 돌아갈 것이니라 _창 3:19

강력한 말씀이 아닐 수 없습니다. 여기서 '너'는 아담을 가리키고 있는 까닭에 이 문장은 다음과 같이 쓸 수 있을 것 같습니다.

"아담은 흙이니 흙으로 돌아갈 것이니라."

다시 히브리어 단어를 꺼내어 읽어보겠습니다.

"아담은 흙(아파르)이니 흙(아다마)으로 돌아갈 것이니라."

흙이란 단어를 쓸 때 '아파르'와 '아다마' 두 단어를 썼지만, 같은 의미의 단어입니다. '흙, 먼지, 재'라는 뜻입니다.

그러므로 재의 수요일에 재를 바르는 것은 스스로 죄인, 즉 먼지와 같은 재로서의 존재임을 고백하는 것입니다. 사실 사순절, 특히 고난 주간을 지나면서 우리가 깊이 묵상해야 할 것이 바로 우리의 '재'됨입니다. 우리는 아무 것도 아니라는 고백입니다.

재의 변형

교회 전승에서 재는 작년 종려주일에 사용했던 종려나무를 태운 것인데, 그 재를 머리에 뿌리거나 묻히는 것으로 죄 된 존재로서 하나님 앞에서 회개하는 의미를 부여했습니다. 일반적으로 이마에 재를 묻혔는데, 재가 날리는 것을 방지하려고 기름을 섞었다고 합니다.

여기서 주의할 말씀이 이사야서 61장 1-2절입니다.

¹주 여호와의 영이 내게 내리셨으니 이는 여호와께서 내게 기름을 부으사 가난한 자에게 아름다운 소식을 전하게 하려 하심이라 나를 보내사 마음이 상한 자를 고치며 포로된 자에게 자유를, 갇힌 자에게 놓임을 선포하며 ²여호와의 은혜의 해와 우리 하나님의 보복의 날을 선포하여 모든 슬픈 자를 위로하되 _사 61:1-2

고난 받는 종 메시야의 도래를 예언하는 말씀입니다. 실제로 주님은 공생애 사역을 시작하시면서, 나사렛 회당에서 바로 이 말씀을 펴서 읽으시고 말씀하셨습니다.

¹⁷선지자 이사야의 글을 드리거늘 책을 펴서 이렇게 기록된 데를 찾으시니 곧 ¹⁸주의 성령이 내게 임하셨으니 이는 가난한 자에게 복음을 전하게 하시려고 내게 기름을 부으시고 나를 보내사 포로 된 자에게 자유를, 눈 먼 자에게 다시 보게 함을 전파하며 눌린 자를 자유롭게 하고 ¹⁹주의 은혜의 해를 전파하게 하려 하심이라 하였더라

_눅 4:17-19

그리고 주님은 이사야의 말씀이 "오늘 너희 귀에 응하였느니라"(눅 4:21)라고 말씀하심으로, 예언의 성취로서 자신의 사역을 확증하셨습니다. 여기서 주의할 것은 이사야서에 기록된 이어지는 구절입니다.

무릇 시온에서 슬퍼하는 자에게 화관을 주어 그 재를 대신하며 기쁨

의 기름으로 그 슬픔을 대신하며 찬송의 옷으로 그 근심을 대신하시고 그들이 의의 나무 곧 여호와께서 심으신 그 영광을 나타낼 자라 일컬음을 받게 하려 하심이라 _사 61:3

3절에서 특히 이 말씀을 주의할 필요가 있습니다.

화관을 주어 그 재를 대신하며 기쁨의 기름으로 그 슬픔을 대신하며 찬송의 옷으로 그 근심을 대신하시고 _사 61:3

화관과 기쁨의 기름 그리고 찬송의 옷이 같은 짝을 이루고, 반대편에는 재, 슬픔 그리고 근심이 짝을 이룹니다. 여기에 표현된 '슬픔'이란 죽음으로 인한 슬픔입니다. 그래서 공동번역은 "상복을 입었던 몸에 기쁨의 기름을 발라주어라"로 번역하였습니다.

결국 재는 죽음과 슬픔을 상징하지만. 기름은 기쁨과 찬송을 상징하는 것임을 알 수 있습니다. 이같은 이해에서 재에 기름을 첨가하는 것이 지닌 의미를 찾는 것이 옳습니다.

앞에서 설명한 것처럼, 사순절의 의미에는 겨울의 끝으로서 봄의 시작과 완성, 곧 죽음의 끝으로서 생명의 시작과 부활이 들어 있다고 말할 수 있습니다. 그러므로 재에 기름을 섞는 것은 죄로 인한 죽음에서 예수 그리스도의 십자가로 인한 생명과 부활을 의미합니다.

재는 우리의 죄를 상징하며 죽음을 의미합니다. 하나님 없이는, 우리는 이처럼 재일 뿐입니다.

재를 묻힌 우리에게 기름을 부으셔서 씻음으로 기쁨으로 바꾸셨습니다. 성령의 기름 부으심의 상징이 여기에 있습니다. 이제 이마 혹은 손목에 기름을 바르고 묵상하십시오.

3일. 금요일
재를 묵상하다

¹욥이 여호와께 대답하여 이르되 ²주께서는 못 하실 일이 없사오며 무슨 계획이든지 못 이루실 것이 없는 줄 아오니 ³무지한 말로 이치를 가리는 자가 누구니이까 나는 깨닫지도 못한 일을 말하였고 스스로 알 수도 없고 헤아리기도 어려운 일을 말하였나이다 ⁴내가 말하겠사오니 주는 들으시고 내가 주께 묻겠사오니 주여 내게 알게 하옵소서 ⁵내가 주께 대하여 귀로 듣기만 하였사오나 이제는 눈으로 주를 뵈옵나이다 ⁶그러므로 내가 스스로 거두어들이고 티끌과 재 가운데에서 회개하나이다 _욥 42:1-6

재,
근원적 죄인

하나님의 시험

욥이라는 사람이 있었습니다. 그는 착하고 의로운 사람이었습니다. 그의 삶은 정직하였고, 가난한 자를 돌보고 불의한 자를 용서하지 않는 사람이었습니다. 동시에 예배자로서 하나님의 마음에 맞게 행동하는 신앙인이었습니다.

그런데 어느 날 하나님이 욥을 시험하셨습니다. 사탄이 들이민 인과론, "욥이 어찌 까닭 없이 하나님을 경외하리이까"(욥 1:9)라는 질문에 하나님이 시험을 허락하신 것입니다. 욥은 자신의 재산만이 아니라 자녀들을 잃고, 마지막에는 자신의 몸까지 욕창으로 절망적인 고통을 받습니다. 욥은 너무 억울하였습니다. 하지만 욥을 잘 아는 친구들조차 일반적으로 적용하는 세상의 인과론으로 욥을 몰아붙였습니다. 그것이 욥기의 상당 부분을 할애하는 내용입니다. 뿐만 아니라, 욥은 결코 자신의 잘못을 인정하지 않았습니다.

> 내가 죄 없다는 주장을 굽힐 성싶은가? 이 날 이 때까지 마음에 꺼림칙한 날은 하루도 없었네 _욥 27:6, 공동번역 개정판

욥은 반드시 하나님에게 따져야 했습니다. 결국 욥이 하나님에게 고소장을 써서 제출합니다.

> 누구든지 나의 변명을 들어다오 나의 서명이 여기 있으니 전능자가 내게 대답하시기를 바라노라 … _욥 31:35

알다시피 욥은 정당하였습니다. 그것은 하나님이 보증한 것입니다. 사람들이 보고 욥을 평가한 것이 아니라, 하나님이 보증하신 것입니다.

> 여호와께서 사탄에게 이르시되 네가 내 종 욥을 주의하여 보았느냐 그와 같이 온전하고 정직하여 하나님을 경외하며 악에서 떠난 자는

세상에 없느니라 _욥 1:8

그러니까 욥은 자신의 무죄를 주장할만한 사람이었습니다. 그는 자신이 무죄라는 사실을 하나씩 논증하였습니다. 급기야 '왜 그렇게 하셨는지' 하나님이 해명해야 하는 상황까지 이르게 됩니다. 문제는 이처럼 욥이 의롭다는 것이 분명해질수록 하나님이 잘못했다는 결론에 이르게 되었다는 것입니다. 욥이 의롭고 정당하다는 것이 증명될수록 말입니다.

드디어 하나님이 욥에게 나타나셨습니다. 하나님은 욥이 죄 없는 것을 인정하셨습니다.

네가 나의 판결을 뒤엎을 셈이냐? 너의 무죄함을 내세워 나를 죄인으로 몰 작정이냐? _욥 40:8, 공동번역 개정판

그렇다면 이제 남은 이야기는 하나님이 자신의 잘못을 인정하셨다는 것 같은데, 하나님은 이상하게 반응하셨습니다. 하나님은 아예 욥이 대답할 수 없게 일방적인 대화를 이어갔습니다. 그 시작부터 심상치 않았습니다. 하나님이 '폭풍우 가운데에서'(욥 38:1) 나타나신 것입니다. 기선을 제압하는 출현이었습니다. 욥이 무엇이라 말할 수 있는 상황이 아니었습니다. 그리고 말을 꺼내시는데, 그것 역시 기막힌 말씀이었습니다.

내가 땅의 기초를 놓을 때에 네가 어디 있었느냐… _욥 38:4

그리고 하나님만 말씀하셨습니다. 38장부터 41장까지 꽤 긴 말씀입니다. 하나님만 하시는 말씀을 들으면서, 욥은 아예 말을 멈추기로 결정합니다.

아, 제 입이 너무 가벼웠습니다. 무슨 할 말이 더 있겠사옵니까? 손으로 입을 막을 도리밖에 없사옵니다. 한 번 말씀드린 것도 무엄한 일이었는데 또 무슨 대답을 하겠습니까? 두 번 다시 말씀드리지 않겠사옵니다 _욥 40:4-5, 공동번역 개정판

티끌과 재 가운데서

욥은 할 말이 없었던 것입니다. 그런데 하나님의 말씀은 계속 되었습니다. 사실은 욥이 설득되지 않은 것입니다. 4장의 긴 이야기이지만, 욥이 결국 반응하지 않았다면 40장의 분량이라도 말씀하셨을 것입니다. 그런데 욥이 깨닫습니다. 그것은 하나님의 마음이었습니다. 이 세상을 창조하신 이야기의 광대함과 강력함, 그리고 이어진 리워야단 이야기의 비밀스러움과 세심한 배려를 들으면서 욥이 감동합니다.

그렇다면 하나님의 긴 이야기를 통하여 구체적으로 욥이 깨달은 것은 무엇이었겠습니까? 그것의 실마리를 하나님의 말씀에 대한 욥

의 첫 마디에서 찾을 수 있습니다.

> 주께서는 못 하실 일이 없사오며 무슨 계획이든지 못 이루실 것이 없는 줄 아오니 무지한 말로 이치를 가리는 자가 누구니이까 나는 깨닫지도 못한 일을 말하였고 스스로 알 수도 없고 헤아리기도 어려운 일을 말하였나이다 _욥 42:2-3

공동번역은 이렇게 번역하였습니다. "알았습니다. 당신께서는 못 하실 일이 없으십니다." 더 편한 언어로 다시 번역하면 이렇게 할 수 있습니다. "아, 맞습니다. 주님께서는 못하실 일이 없으십니다." 욥이 하나님의 긴 말씀을 들으면서 이것을 깨달은 것입니다. "하나님은 못하실 일이 없다." 새삼스럽게도 말입니다. 그 순간 욥은 하나님이 자신을 이같은 고통에 두지 않을 수도 있지만, 그 고통 가운데 두신 이유를 생각하게 된 것입니다. 드디어 욥이 이렇게 말합니다.

> 5내가 주께 대하여 귀로 듣기만 하였사오나 이제는 눈으로 주를 뵈옵나이다 6그러므로 내가 스스로 거두어들이고 티끌과 재 가운데에서 회개하나이다 _욥 42:5-6

자신이 하나님 앞에서 근원적인 죄인이라는 고백이었습니다. 아무리 의로운 욥도 의롭지 않다는 뜻입니다. 그 근원이 바로 자신이 먼지요 재 된 존재이기 때문임을 안 것입니다. 우리가 첫 번째 회개해야 할 내용입니다.

"우리 자신이 아무리 의로워도 재에 불과하다는 것을 언제나 잊지 않고, 또한 교만해지는 것이 치명적인 악으로 발전되는 이유이기 때문입니다."

하나님의 아픔

더불어 욥이 느낀 것은 하나님의 아픔이었습니다. 의로운 자신을 택하여 시험하신 이유가 느껴졌습니다. 하나님은 욥의 고난을 통해 꼭 말하고 싶은 것이 있었던 것입니다.

욥의 친구들이 욥의 고통을 보면서 끊임없이 강조한 것은 인과론이었습니다. 사람들의 고난과 아픔, 가난과 장애 모두를 잘못으로 인한 결과로 몰아붙인 것입니다. 우리가 흔히 범하는 오류입니다. 이같은 인식은 사람이 아름다운 존재가 아니라, 하나님이 보실 때 보잘 것 없는 벌레나 구더기 같은 존재이기 때문이라는 생각에서 비롯되었습니다. 그것이 세 친구의 논리였습니다.

⁵보라 그의 눈에는 달이라도 빛을 발하지 못하고 별도 빛나지 못하거든 ⁶하물며 구더기 같은 사람, 벌레 같은 인생이랴 _욥 25:5-6

그런데 하나님께서 욥에게 극한의 고통을 주시고, 심지어 스스로 '죄인'이라는 오명을 받게까지 만든, 욥의 까닭 없는 고난을 통하여 말씀하시고자 한 것은 '사람이 아름답다'는 것입니다.

그러므로 하나님은 의로운 욥의 고난을 통하여 매우 중요한 한 가지, 고통과 고난이 하나님의 저주나 징계가 아니라는 사실을 말하고 있는 것입니다. 가난이 죄가 아니며, 고난받는 것이 하나님의 형벌도 아니기 때문입니다. 더욱이 학력이 낮고 볼품없는 직장과 수입이 시원찮은 것, 심지어 난치병에 걸리거나 장애를 갖고 있는 것도 하나님의 징벌이 아니기 때문입니다.

하지만 이런 걸 징벌로 생각하는 엉뚱한 이해 때문에 가난과 장애를 가진 자들은 자신을 부끄러워하고 비참하게 살아야 했습니다. 더욱이 우리나라는 한동안 우리가 당한 비참한 전쟁과 침략의 역사 앞에서 죄인처럼 살고 있었습니다. 우리가 침략과 전쟁의 수모를 당한 것을 하나님이 우리의 죄에 대한 징벌이라고 해석했기 때문입니다. 그런데 아닙니다. 하나님은 욥의 고난을 통하여 그것을 말씀하신 것입니다. 하나님의 마음 말입니다.

"얘들아, 그게 아니다. 그게 아니다. 너희들은 내게 아름답다! 너희들은 내게 아름답다!"

그러므로 우리가 함부로 장애를 가진 자와 가난한 자, 어려움을 당한 자와 세상적인 기준에서 볼품없는 자들을 함부로 무시했던 것을 회개해야 합니다. 욥조차 다시 "티끌과 재 가운데에서 회개"(욥 42:6)한 이유입니다. 욥은 하나님의 아픔을 느낀 것입니다. '십자가에 달리신 하나님'(위르겐 몰트만)의 마음을 알았던 것입니다.

언제나 잊지 말아야 할 것은 우리가 먼지 같은 존재라는 것입니다. 욥의 고백과 하나님의 설명을 마음에 둔 채, 첫날에 찍어두었던 '재의 사진'을 보며 자신이 누구인지 기억하는 시간을 가지십시오.

4일. 토요일
재를 묵상하다

재의 권위

16예수께서 그 자라나신 곳 나사렛에 이르사 안식일에 늘 하시던 대로 회당에 들어가사 성경을 읽으려고 서시매 17선지자 이사야의 글을 드리거늘 책을 펴서 이렇게 기록된 데를 찾으시니 곧 18 주의 성령이 내게 임하셨으니 이는 가난한 자에게 복음을 전하게 하시려고 내게 기름을 부으시고 나를 보내사 포로 된 자에게 자유를, 눈 먼 자에게 다시 보게 함을 전파하며 눌린 자를 자유롭게 하고_ 눅 4:16-18 (더 읽기, 눅 4:19-21)

먼지 같은 존재

'먼지와 같은 존재', 아무리 의로워도 하나님 앞에서는 아무 것도 아닌 존재입니다. 그만큼 하나님은 거룩하시며 우리는 비천합니다. 욥은 그것을 알았습니다. 그가 재 가운데서 회개한 이유입니다.

내가 스스로 거두어들이고 티끌과 재 가운데에서 회개하나이다

_욥 42:6

그러므로 먼지 같은 존재인 우리가 의미를 갖는 것은 오로지 하나님에게서 나옵니다. 오로지 하나님만이 재를 바꾸어 '화관'(a crown of beauty)을 쓰게 하실 수 있습니다. 우리의 존엄과 권위는 오로지 하나님이 주실 뿐입니다.

무릇 시온에서 슬퍼하는 자에게 화관을 주어 그 재를 대신하며 기쁨의 기름으로 그 슬픔을 대신하며 찬송의 옷으로 그 근심을 대신하시고 그들이 의의 나무 곧 여호와께서 심으신 그 영광을 나타낼 자라 일컬음을 받게 하려 하심이라 _사 61:3

하나님은 이 놀라운 일을 예수 그리스도를 통하여 이루셨습니다.

1주 여호와의 영이 내게 내리셨으니 이는 여호와께서 내게 기름을 부으사 가난한 자에게 아름다운 소식을 전하게 하려 하심이라 나를 보내사 마음이 상한 자를 고치며 포로된 자에게 자유를, 갇힌 자에게 놓임을 선포하며 2여호와의 은혜의 해와 우리 하나님의 보복의 날을 선포하여 모든 슬픈 자를 위로하되 _사 61:1-2

그래서 주님은 사역을 시작하실 때 나사렛 회당에서 바로 이 말씀을 꺼내 읽으신 것입니다.

18 주의 성령이 내게 임하셨으니 이는 가난한 자에게 복음을 전하게

하시려고 내게 기름을 부으시고 나를 보내사 포로 된 자에게 자유를, 눈 먼 자에게 다시 보게 함을 전파하며 눌린 자를 자유롭게 하고 ¹⁹주의 은혜의 해를 전파하게 하려 하심이라 하였더라 _눅 4:18-19

그리고 주님은 이내 이사야의 예언이 이뤄졌다고 말씀하셨습니다. 여기서 우리가 주목할 것은, 주님께서 매우 의도적으로 이사야 말씀을 찾아 읽으셨다는 것입니다.

선지자 이사야의 글을 드리거늘 책을 펴서 이렇게 기록된 데를 찾으시니 … _눅 4:17

무엇보다 먼저 이 말씀을 하고 싶으셨습니다. 욥의 세 친구가 이야기했던 세상의 규정들에 따라 "구더기 같은 사람, 벌레 같은 인생"(욥 25:6), 곧 재에 불과한 인생이 아니라는 것을 우리에게 말씀하고 싶으셨던 것입니다.

우리를 빛나게 하시는 분

분명 우리가 흙에서 온 먼지 같은 존재임에 틀림없습니다. 그것은 사실입니다. 그것을 인식하는 것은 중요합니다. 그런데 동시에 아닙니다. 그 이유가 바로 하나님 때문입니다. 그것을 확증하는 사건이 예수 그리스도이십니다. 우리를 위해 대속제물로 죽으신 예수를 믿는 순간 우리가 하나님의 자녀가 되기 때문입니다. 그러므로 주님이 회당에서 읽은 '주의 은혜의 해'는 이사야서에 기록된 것처럼 "더이상 비참한 존재가 아니며 벌레 같은 인생이 아니"라는 선포였습니다. 그것을 이사야 선지자는 재 대신 기름을 붓는 사건으로 표현한 것입니다.

> ²여호와의 은혜의 해와 우리 하나님의 보복의 날을 선포하여 모든 슬픈 자를 위로하되 ³무릇 시온에서 슬퍼하는 자에게 화관을 주어 그 재를 대신하며 기쁨의 기름으로 그 슬픔을 대신하며 … _사 61:1-2

그러므로 주님은 우리를 빛나게 하시는 분, 우리를 재에서 일으켜 빛나는 화관을 씌어주시는 분이십니다. 우리의 권위(authority)는 오로지 주님을 믿고 영접할 때 생기는 것입니다(요 1:12). 이것이 재를 올리브 기름에 섞어 바르는 행위의 의미입니다.

묵상 행동

오늘 다시 올리브 기름을 머리 혹은 손목에 바르십시오. 그리고 기억하십시오. 우리를 빛나게 하시는 분이 예수이시고, 우리의 권위는 오직 예수로 인하여 나온다는 사실 말입니다.

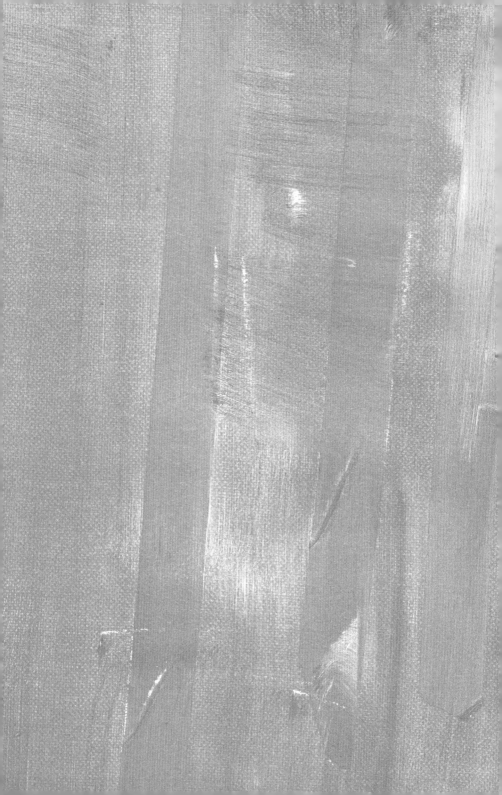

Part 2

죄 sin 를 묵상하다

사소한
모래 문제

14오직 각 사람이 시험을 받는 것은 자기 욕심에
끌려 미혹됨이니 15욕심이 잉태한즉 죄를 낳고 죄
가 장성한즉 사망을 낳느니라_약 1:14-15

무뎌진 죄

복음은 먼지(재) 같은 우리를 위해 하나님께서 독생자 예수를 보내
어 대신 죽게 하신 것에서 출발합니다. 그 엄청난 비밀을 성경은 이
렇게 말합니다.

하나님이 세상을 이처럼 사랑하사 독생자를 주셨으니 이는 그를 믿
는 자마다 멸망하지 않고 영생을 얻게 하려 하심이라_요 3:16

바로 우리의 죄 때문입니다. 그런데 우리 스스로 우리 죄의 문제를 해결할 수 없습니다. 그것이 그리스도 예수께서 십자가를 지신 이유이고, 우리가 예수를 믿어야 하는 이유입니다.

사실 비극은 사람들이 자신의 죄와 그 심각성을 잘 모른다는 점입니다. 그래서 죄를 범하면서도 죄의 심각성을 간과합니다. 여전히 우리가 죄를 범하는 이유입니다.

> 우리는 다 양 같아서 그릇 행하여 각기 제 길로 갔거늘 여호와께서는 우리 모두의 죄악을 그에게 담당시키셨도다 _사 53:6

그 이유 때문에 우리의 의지와 관계없이 하나님께서 일방적으로 죄를 그리스도 예수께 담당시키신 것입니다. 그로 인해 우리가 살게 되었습니다.

> 그는 허물과 죄로 죽었던 너희를 살리셨도다 _엡 2:1

그런데 우리는 그 사실을 잘 모릅니다. 심지어 우리의 죄에 대해 지나치게 관대하기까지 합니다. 너무 무뎌진 상태에 이르렀습니다. 그럴 수밖에 없는 이유는 죄가 너무 넘쳐난 것과 관계 있습니다. 죄가 죄라는 것을 인식하지 못하는 지경에 이른 것입니다. 조금만 생각해보면 과거에는 죄였던 것이 지금은 죄가 아닌 것이 너무 많습니다.

예를 들어 간음처럼, 다른 남자 혹은 여자와 간통한 이들조차 이제는 법적으로 그것을 문제 삼지 않습니다. 우리나라에서도 2015년 2월 26일 헌법재판소가 간통을 처벌하도록 한 형법 제241조가 위헌이라고 선고함으로 간통죄를 폐지하였는데, 그 이유를 이렇게 설명했습니다.

"사회 구조 및 결혼과 성에 관한 국민의 의식이 변화되고, 성적 자기결정권을 보다 중요시하는 인식이 확산됨에 따라 간통 행위에 대하여 이를 국가가 형벌로 다스리는 것이 적정한지에 대해서는 이제 더 이상 국민의 인식이 일치한다고 보기 어렵게 됐다. 또한 비록 비도덕적인 행위라 할지라도 본질적으로 개인의 사생활에 속하고 사회에 끼치는 해악이 그다지 크지 않거나 구체적 법익에 대한 명백한 침해가 없는 경우에는 국가권력이 개입해서는 안 된다는 것이 현대 형법의 추세이고, 이에 따라 전세계적으로 간통죄는 폐지되고 있다."

간통을 예로 들었지만, 그렇다면 사람들이 합의해서 죄가 아니라고 선언하면 되는 문제인가 하는 것입니다. 정확하게 십계명 중 제7계명이 "간음하지 말라"고 규정하고 있어도 세상에선 괜찮게 된 것입니다. 한 마디로 말해서 죄에 무뎌진 것입니다.

하지만 주님은 이 문제만 하더라도 더 강력하게 죄임을 인식할 것을 요구하였습니다. 심지어 마음으로 음욕을 품는 것만으로도 죄라고 규정하신 것입니다.

나는 너희에게 이르노니 음욕을 품고(공동번역 : 여자를 보고 음란한 생각을 품는 사람은) 여자를 보는 자마다 마음에 이미 간음하였느니라 _마 5:28

죄가 가벼워진 지점

이같이 죄에 무뎌지고 인간을 위해 합리화된 세상에서, 죄는 그 심각성을 상실할 수밖에 없습니다. 그로 인해 예수 그리스도의 십자가와 고난과 대속적 죽음이 깊게 다가오지 않는 것이 당연할 수밖에 없습니다. 복음이 필요 없어진 것입니다. 현대 사회의 비신앙화가 점점 증폭되는 이유일 것입니다. 하지만 분명히 죄는 죄입니다. 또한 죄를 인식하고 깊이 생각할수록 우리는 그리스도 예수의 십자가 사건이 온전히 이해될 것입니다. 죄를 생각하고 인식하는 것이 복음이 실제가 되는 지점이기 때문입니다.

그러므로 주님의 고난을 묵상하기 위해 먼저 해야 할 것은 우리 자신의 죄를 생각하는 것입니다. 죄를 가볍게 여기는 것부터 돌아봐야 합니다. 사실 죄의 시작은, 비록 행동하지 않았을지라도 마음에 품은 것에서부터 시작됩니다.

욕심이 잉태한즉 죄를 낳고 죄가 장성한즉 사망을 낳느니라 _약 1:15

그런데 우리는 그냥 방치합니다. 의식하지 않습니다. 그래서 어느 날 죄가 장성한 모습으로 우리 앞에 나타나는 것입니다. 그러므로 죄를 가볍게 여겨서는 안 됩니다.

> 미련한 사람은 죄를 대단치 않게 생각하지만 정직한 사람은 죄를 두렵게 여긴다 _잠 14:9, 현대인의성경

우선 죄를 대단하게 여기셔야 합니다. 아무리 작은 죄라도 방치하면 어느 날 장성하여 우리가 막을 수 없는 괴물이 되어버린다는 것을 잊어서는 안 됩니다.

묵상 행동

작은 모래 알갱이를 5개 정도 준비합니다. 이번 주간 내내 그 모래 알갱이를 신발에 넣고 걸어 다닙니다. 아마 불편하고 고통스러울 것입니다. 시간이 갈수록 작은 모래알이 큰 통증을 유발할 것입니다. 모래알(사소하게 여긴 죄)이 만드는 장성한 고통입니다. 위험하게 할 것입니다. 그때마다 사소하게 여긴 자신의 죄를 생각하면 됩니다.

6일. 화요일
죄를 묵상하다

죄의 결말과
치료책

¹⁸내 속 곧 내 육신에 선한 것이 거하지 아니하는 줄을 아노니 원함은 내게 있으나 선을 행하는 것은 없노라 ¹⁹내가 원하는 바 선은 행하지 아니하고 도리어 원하지 아니하는 바 악을 행하는도다 ²⁰만일 내가 원하지 아니하는 그것을 하면 이를 행하는 자는 내가 아니요 내 속에 거하는 죄니라 _롬 7:18-20 (더 읽기, 막 7:20-23)

죄의 결말

2006년 서울국제공연예술제의 개막작으로 선정된 〈정화된 자들〉(Cleansed)을 쓴 사라 케인의 〈새벽 4시 48분 사이코시스〉라는 연극을 보았습니다. 희곡 다섯 개를 남기고, 1999년 28살에 자살로 생을 마감한 영국 출신 작가의 '실제 자살 노트'로 평가받는 연극이었습니다. 연극의 등장 인물은 자살 충동을 느끼는 한 여자와 자신의 또 다른 자아, 그리고 정신과 의사입니다.

이 연극의 주된 코드는 '새벽 4시 48분'이었는데, 그때는 '인간 의식이 가장 명료하게 깨어있는 시간, 그리고 자살 충동이 가장 강렬하게 일어나는 시간'이라고 합니다. 그때 그 여자가 절규합니다.

"난 슬퍼. 미래가 없어! 아무 것도 나아지지 않을 거야. 지겨워. 모든 게 불만이야. 한 인간으로서 완전한 실패작이야. 난 유죄야. 지금 벌을 받고 있어. 나는 날 죽여 버리고 싶어!"

죄 때문이었습니다. 그녀가 깨달은 것은 자신의 죄였습니다. 죄의 심각성이었습니다. 드디어 그 여자는 자살을 계획하고 결단합니다.

"약을 있는 대로 다 삼키고, 칼로 손목을 긋고, 그리고 나서는 목을 맬 거야!"

왜 이 여자는 이토록 괴로워하며 자살을 생각하고 있을까요? 어느 날 여자는 자기 안에 수천 마리의 바퀴벌레가 살고 있는 것 같은 느낌을 경험합니다. 부조리하고 더러운 자신을 발견한 것입니다. 자기 안에 온통 가득한 죄를 발견한 것입니다. 자기가 너무 혐오스럽고 고통스러웠습니다.

'그렇다면 이것이 나의 전부인가?' 그렇지 않다면, '진정한 나는 어디에 있는 것인가?' 결국 그녀는 바퀴벌레로 가득 찬 자신을 죽이기로 결정합니다. 나를 죽이면 진정한 나를 만날 것이라는 기대감으로 말입니다. 그러므로 지금 자기가 사라지는 것은 옳은 것이었습니다.

"내가 사라지는 것을 봐. 모든 것이 흘러가고 모든 것이 사라지고 모든 것이 시시해진다. 나의 생각은 살인적인 미소와 함께 사라진

다. 내 영혼 안에서 고함치는 불협화음의 고뇌를 남기면서 희망 없이."

"나를 죽이면 진정한 나를 만날 것이다!" 매우 중요한 고백입니다. 그녀는 지금의 자신이 거짓이란 사실을 바르게 인식한 것입니다. 그래서 그녀는 바퀴벌레로 가득 찬 것 같은 더럽고 혐오스러운 나, 내가 정말로 싫어하는 나를 죽이고 싶은 것입니다. 성경은 이것을 피조물의 탄식이라고 말합니다.

피조물이 허무한데 굴복하는 것 ⋯ 썩어짐의 종노릇 ⋯ 탄식하며 함께 고통을 겪고 있는 것을 우리가 아느니라 _롬 8:20-22

허무한데 '굴복'한다, 헬라어로 '마타이오테스'는 힘이 약해서 어쩔 수 없이 무너져 내리는 상황을 말합니다. 죄와 더러움 앞에서 나약함과 한계적인 모습의 극치를 표현하고 있습니다. "썩어짐의 종노릇"이라는 말에서 헬라어로 '프흐도라'는 썩어 문드러져서 구더기가 나고 바퀴벌레가 득실거리는 상황을 말합니다. 연극 속의 그녀가 본 자신의 모습처럼 말입니다. 그런 자신을 용납할 수 없었습니다. 솔직한 고백입니다. 그때 이 말이 들린 것입니다.

"너의 진실한 자아가 존재한다. 그러니 너 자신을 죽여라! 더러운 육을 벗고 새 옷을 입어라."

그것이 자살로 이어지게 합니다.

이 세상을 사는 모든 사람들, 특히 자신의 죄와 부조리와 불편함을 경험할수록 그 좌절은 깊어가고, 그 시간의 끝자락에서 절망합니다. 불행한 결말입니다. 죄가 장성한 모습입니다. 사망입니다.

죄가 장성한즉 사망을 낳느니라 _약 1:15

유일한 치료책

신발에 넣은 작은 모래알이 아무 것도 아닌 것 같아 보여도 계속 불편해지고 급기야 고통에 이를 것입니다. 그것이 싫어질 것입니다. 그것이 죄의 내용입니다. 그런데 문제는 심각합니다. 그것이 우리를 비참하게 하는 죄라는 것을 알게 되더라도, 연극의 그 여자처럼 죄를 극복할만한 힘이 없다는 것입니다. 탄식하고 울부짖어도 말입니다.

그러나 놀라운 사실이 있습니다. 이같은 죄의 고통은 하나님을 알지 못하는 사람만이 아니라 예수를 믿고 자녀가 된 사람, 성령을 경험한 사람들에게도 동일하게 있는 탄식이라는 것입니다.

그뿐 아니라 또한 우리 곧 성령의 처음 익은 열매를 받은 우리까지도 속으로 탄식하여 양자 될 것 곧 우리 몸의 속량을 기다리느니라 _롬 8:23

그런 까닭에 모래알을 의식하듯이 자신을 돌아보기 시작하면 자신의 죄가 보일 것입니다. 왜냐하면 우리 안에는 죄가 가득하기 때문입니다. 예수님은 이 기막힌 내 안의 죄라는 존재에 대하여 이렇게 말씀하셨습니다.

> 20또 이르시되 사람에게서 나오는 그것이 사람을 더럽게 하느니라 21속에서 곧 사람의 마음에서 나오는 것은 악한 생각 곧 음란과 도둑질과 살인과 22간음과 탐욕과 악독과 속임과 음탕과 질투와 비방과 교만과 우매함이니 23이 모든 악한 것이 다 속에서 나와서 사람을 더럽게 하느니라 _막 7:20-23

예수님의 말씀을 보자면 우리 안에 상상할 수 없는 괴물이 존재하고 있다는 것입니다. 그렇다면 그 괴물의 정체는 무엇입니까? 바울은 그 정체를 죄라고 이야기하였습니다.

> 19내가 원하는 바 선은 행하지 아니하고 도리어 원하지 아니하는 바 악을 행하는도다 20만일 내가 원하지 아니하는 그것을 하면 이를 행하는 자는 내가 아니요 내 속에 거하는 죄니라 _롬 7:19-20

우리의 죄 때문입니다. 그리스도 예수께서 십자가에 못 박혀 우리 대신 죽으신 직접적 이유입니다.

중요한 것은 바울의 고민입니다. 그는 자신의 죄 된 것을 발견하고 고통하였습니다. 심지어 그조차 사라 케인 연극의 여자처럼 죽음까지 생각합니다. 자신이 '죽음의 몸'임을 알았기 때문입니다.

> 아, 나는 비참한 사람입니다. 누가 이 죽음의 몸에서 나를 건져 주겠
> 습니까? _롬 7:24, 새번역

이 비참한 순간에 연극의 그녀와 달리 바울을 살린 것은 예수 그
리스도였습니다. 바울 안에는 예수 그리스도가 선명하게 살아 있었
습니다. 모든 이들에게 필요한 유일한 치료책입니다. 예수 그리스
도!

> 우리 주 예수 그리스도로 말미암아 하나님께 감사하리로다 그런즉
> 내 자신이 마음으로는 하나님의 법을 육신으로는 죄의 법을 섬기노
> 라 _롬 7:25

묵상 행동

오늘도 신발 안에 모래알을 그냥 두십시오. 혹시 별로 효과가 없었
던 이들은 주님이 언급하신 13가지 죄들(막 7:20-23)의 숫자만큼 넣
고 다녀보십시오. 그리고 나의 죄를 연결시켜 생각해보십시오.

7일. 수요일
죄를 묵상하다

죄를
미워하다

²²악은 어떤 모양이라도 버리라 ²³평강의 하나님이 친히 너희를 온전히 거룩하게 하시고 또 너희의 온 영과 혼과 몸이 우리 주 예수 그리스도께서 강림하실 때에 흠 없게 보전되기를 원하노라 _살전 5:22-23 (더 읽기, 요일 3:3-8)

죄를 미워하라

나를 불편하게 하는 것을 넘어 일상생활에 지장을 주기까지 하는 모래 알갱이를 해결하는 방법은 간단합니다. 신발에서 꺼내버리면 됩니다. 죄도 마찬가지입니다. 버리면 됩니다.

더욱이 우리가 죄를 버려야 하는 매우 중요한 이유가 있습니다. 바로 예수님께서 우리의 죄 때문에 죽으셨기 때문입니다. 우리가 죄를 미워해야 할 결정적 이유입니다.

저는 개인적으로 술을 미워합니다. 제가 술을 싫어하고 미워하는 이유는 아버지 때문입니다. 술만 드시지 않으면 그리 착하고 멋있던 아버지를 망친 것은 술이었습니다. 아버지는 술 앞에서 무한히 무기력한 존재였습니다. 늘 술에 취해 있고 술중독자였던 아버지는 술만 마시면 어머니에게 폭력을 휘둘렀습니다. 결국 술 때문에 거의 별거하다시피 사셨고, 그러다가 39살에 술 때문에 돌아가셨습니다.

이토록 추악한 술, 더욱이 우리 어머니를 비참하게 만들었던 그 술을 저는 미워할 뿐 아니라 상종하지 않습니다. 여행 중에 포도주 한 잔 정도는 어떠냐고 누가 권해도 입에 대지도 않습니다. 내게는 원수이기 때문입니다. 근처도 가지 않고 모양도 즐기지 않습니다.

죄도 그와 같은 이유 때문입니다. 죄로 인해 주님이 고난 받으시고 수치를 당하셨으며 극심한 고통으로 죽임 당하셨습니다. 그 추악하고 더러운 우리의 죄 때문입니다. 그래서 저는 죄를 싫어합니다. 미워합니다. 그래서 죄를 지을 때마다 저는 저 자신이 부끄러워 죽겠습니다.

그것 때문입니다. 바울은 죄의 현상인 악은 모양이라도 버린다고 고백하였습니다. 예수 그리스도의 죽음 때문입니다.

악은 어떤 모양이라도 버리라 _살전 5:22

주님을 사랑한다면 당연히 죄를 미워하는 것이 옳습니다. 그렇게 죄를 미워하고 멀리 하는 사람이 바로 크리스천입니다. 죄는 우리 주님을 죽음에 이르게 한 원수이기 때문입니다. 그러므로 죄를 짓는 자는 하나님에게 속한 자가 아니라 마귀에게 속한 자라고 해도 틀리지 않습니다.

> 죄를 짓는 자는 마귀에게 속하나니 마귀는 처음부터 범죄함이라
> _요일 3:8

더욱이 죄는 장성합니다. 그리고 우리를 사망으로 이끌 것입니다 (약1:15). 우리가 경험한 것처럼, 모래 알갱이가 시간이 지날수록 더욱 강력하게 영향을 주는 것처럼 죄도 그렇습니다. 더 비참해지는 것은 나를 위해 죽으신 예수의 십자가 죽음을 '값싼 죽음'으로 만들기 때문입니다. 주를 위해 살기는커녕 주님을 모독하는 것이기 때문입니다.

그래서 저는 죄가 두렵습니다. 저는 죄에 대해 이길 수 있다고 자신하지 않습니다. 잠깐만 방심해도 무너지는 경험이 허다하게 많았기 때문입니다. 그래서 언제나 주의하고 경계하고 멀리 합니다.

우선 가능한 죄를 멀리합니다. 매우 사소한 죄라 할지라도 가까이 하지 않고 미워하며 상종하지 않고자 노력합니다. 그럼에도 불구하고 무너질 때는 정말 비참합니다. 그러므로 가장 좋은 방법은 그냥 죄를 멀리 하는 것입니다. 매우 사소한 죄라 할지라도 가까이 하지 않고 미워하며, 상종하지 않는 것입니다.

이제 당장 신발 안에 넣었던 모래 알갱이를 모두 버리십시오. 아마 걷는 것이 편하고 자유로워질 것입니다. 가끔 어디서 굴러왔는지 또 모래 알갱이 같은 것이 들어올 수 있습니다. 그때마다 꺼내어 버리십시오. 우리의 죄는 이처럼 매일 순간마다 멀리 하고 버려야 합니다.

그러므로 하루를 사는 동안 죄를 짓거나 죄가 떠오를 때마다 과감하게 버리십시오. 그러기에 좋은 기도 방법 중에 '예수 기도'가 있는데, 죄가 떠오르면 '예수여, 나를 불쌍히 여기소서'라고 속삭이듯 내뱉으면서, 그 죄를 침과 함께 내뱉는 것입니다. 그렇게 살아보십시오.

8일. 목요일
죄를 묵상하다

십자가와
썩은 신문지

²그 때에 너희는 그 가운데서 행하여 이 세상 풍조를 따르고 공중의 권세 잡은 자를 따랐으니 곧 지금 불순종의 아들들 가운데서 역사하는 영이라 ³전에는 우리도 다 그 가운데서 우리 육체의 욕심을 따라 지내며 육체와 마음의 원하는 것을 하여 다른 이들과 같이 본질상 진노의 자녀이었더니 ⁴긍휼이 풍성하신 하나님이 우리를 사랑하신 그 큰 사랑을 인하여 _엡 2:2-4 (더 읽기, 엡 2:5-8)

십자가의 신비

모래 알갱이를 버리듯이, 죄를 버리는 것은 우리가 언제나 해야 할 일입니다. 매일 이같은 수도적 삶을 사는 것이 중요합니다. 하지만 실제는 그렇지 못합니다. 죄가 익숙해졌기 때문입니다. 마치 신발 속의 모래 알갱이를 신발 구석에 밀어 넣고 사는 것처럼 말입니다. 죄와 동거하는 것입니다. 물론 한 가지만 조심하면 아무런 문제없이 살 수도 있습니다. 그것은 가만히 앉아 있는 것입니다. 어디를 멀리가거나 힘차게 뛰어 다니지만 않으면 됩니다. 죄의 구속력입니다.

비록 우리가 모래 알갱이를 버리듯이 죄를 버릴 수 있다고 생각하겠지만, 사실 우리가 스스로 모든 죄를 버릴 수는 없습니다. 예수님이 나사렛 회당에서 이사야 선지자의 말씀을 인용하여 선포하신 것처럼 묶여 있고 갇혀 있는 존재이기 때문입니다. 그래서 모든 것을 하나님이 먼저 하셨고, 주님이 우리의 죄를 대속하시기 위해 십자가를 지신 것입니다. 우리가 할 수 있는 상태가 아니었습니다. 우리는 우리 죄에서 놓임 받을 수 없는 존재였습니다.

바울은 이같이 속박되어 있는 우리의 상태를 '죄인', '원수' 등으로 표현하였습니다. 우리 편에서 스스로 무엇을 할 수 없는 상태라는 말입니다.

우리가 아직 죄인 되었을 때에 (롬 5:10, 원수 되었을 때에) 그리스도께서 우리를 위하여 죽으심으로 하나님께서 우리에게 대한 자기의 사랑을 확증하셨느니라 _롬 5:8

우리가 본질적인 죄인이어서 아무 것도 할 수 없는 상황에 있었을 때, 일방적으로 주님께서 십자가에서 나의 죄를 대신 짊어지시고 대속의 죽음을 당하신 것입니다.

더 놀라운 것은, 우리가 직접 십자가에 못 박힌 것은 아니지만, 예수 그리스도께서 우리와 함께 십자가에 못 박히신 것입니다. 십자가의 신비입니다. 우리가 한 일이 아무 것도 없지만 우리의 죄는 십자가에 예수와 함께 못 박힌 것입니다. 오로지 예수 그리스도 때문입니다. 그러므로 예수를 떠나서는 아무것도 없습니다. 바울이 이같이 고백한 이유입니다.

> 내가 그리스도와 함께 십자가에 못 박혔나니 그런즉 이제는 내가 사는 것이 아니요 오직 내 안에 그리스도께서 사시는 것이라 _갈 2:20a

그때부터 우리는 죄에 대하여 죽은 존재가 되었습니다. 그래서 바울이 우리의 현재 신분에 대하여 말하기를 "죄에 대하여 죽은 우리"(롬 6:2)라고 정의한 이유입니다. 더 이상 죄의 권세가 우리를 지배할 수 없는 까닭입니다.

> 죄가 너희를 주장하지 못하리니 이는 너희가 법 아래에 있지 아니하고 은혜 아래에 있음이라 _롬 6:14

성경은 이런 우리의 모습을 '새로운 피조물'(고후 5:17)이라고 표현합니다. 그런데 문제는, 이미 우리의 시민권이 하늘나라로 옮겨졌고 죄의 어떤 권세도 우리를 조정할 수 없음에도 불구하고, 우리가 여전히 그 죄의 노예로 살아가고 있다는 것입니다.

썩은 신문지를 버리라

분명히 예수님이 십자가에 못 박혀 죽을 때 우리는 죄의 권세에서 놓임 받았습니다. 그런데 우리에게 영향을 미치는 죄가 여전합니다. 왜 그렇습니까?

썩은 생선을 싼 신문지가 있습니다. 아무리 깨끗한 신문지로 바꿔 싸더라도 금방 썩은 냄새가 나고 파리들이 꼬입니다. 그래서 파리들을 잡아 죽이고 다시 새로운 신문지로 바꿉니다. 그래도 또 파리가 꼬이고 악취가 납니다. 우리 죄의 치명적인 모습입니다. 우리에게 죄의 냄새가 여전한 이유입니다. 그런 우리를 위해 예수 그리스도께서 십자가에서 죽으셨습니다. 그것은 마치 썩은 생선을 근본적으로 없앤 것과 같은 것입니다. 그런데 우리에게 여전히 죄의 냄새가 나는 이유는 썩은 냄새와 그 흔적이 남은 신문지를 바꾸지 않았기 때문입니다. 우리가 근원적인 죽음의 죄에서는 놓임 받았지만, 그래서 여전히 죄의 냄새를 풍기는 것입니다.

그러므로 필요한 것이 있습니다. 썩은 생선을 치우는 것과 함께, 악취와 썩은 국물로 찌든 신문지도 버리는 것입니다. 이것이 회개입니다. 그것이 우리가 해야 할 일입니다. 그런데 쉽지 않습니다. 오랫동안 내게 익숙한 것이기 때문입니다.

> 22너희는 유혹의 욕심을 따라 썩어져 가는 구습을 따르는 옛 사람을 벗어 버리고 23오직 너희의 심령이 새롭게 되어 24하나님을 따라 의와 진리의 거룩함으로 지으심을 받은 새 사람을 입으라 _엡 4:22-24

쉽지 않습니다. 당연히 이 세상이 갖고 있는 세계관 때문입니다. 세상의 진화론적 세계관에 의해, 우리는 조작되고 만들어진 왜곡된 세계관을 좇아 살도록 강요받습니다. 그래야 생존할 것처럼 느껴집니다.

그 때에 너희는 그 가운데서 행하여 이 세상 풍조를 따르고 공중의 권세 잡은 자를 따랐으니 곧 지금 불순종의 아들들 가운데서 역사하는 영이라_엡 2:2

시간이 지날수록 한계를 경험합니다. 그러므로 이같은 세계관과 논리에서 벗어나야 합니다. 오로지 하나님의 은혜 아래에서 살아야 합니다. 그것을 안 바울이 절망적인 에베소서 2장 2절에 이어 3절부터 이렇게 말한 것입니다. 정말 복음입니다.

3전에는 우리도 다 그 가운데서 우리 육체의 욕심을 따라 지내며 육체와 마음의 원하는 것을 하여 다른 이들과 같이 본질상 진노의 자녀이었더니 4긍휼에 풍성하신 하나님이 우리를 사랑하신 그 큰 사랑을 인하여 5허물로 죽은 우리를 그리스도와 함께 살리셨고(너희가 은혜로 구원을 얻은 것이라)_엡 2:3-5

이제 우리가 할 일은 그 썩은 냄새로 찌든 신문지를 벗겨내고 내 주변을 날아다니는 파리, 곧 죄들을 죽이는 것입니다. 그것이 신발에 있는 모래 알갱이를 버리는 일과 같은 것입니다.

우리가 의인이 된 것은 오로지 예수 그리스도의 구속으로 인한 하나님의 은혜 때문입니다. 이제 썩은 생선은 없습니다. 남은 일은 썩은 냄새가 잔뜩 밴 신문지와 파리들을 없애는 것입니다. 이같이 회개하는 삶을 멈추지 마십시오. 우리가 주의 십자가에 동참하는 최고의 방법임을 잊지 마십시오.

9일. 금요일
죄를 묵상하다

매일
발을 씻다

¹⁴그가 거룩하게 된 자들을 한 번의 제사로 영원히 온전하게 하셨느니라 ¹⁷또 그들의 죄와 그들의 불법을 내가 다시 기억하지 아니하리라 하셨으니 ¹⁸이것들을 사하셨은즉 다시 죄를 위하여 제사 드릴 것이 없느니라 _ 히 10:14,17-18 (더 읽기, 히 10:19-20,22)

완전한 대속 제사

모래 알갱이를 신발에 두듯이, 이제는 더 이상 죄를 품고 살지 마십시오. 그때 그때 죄를 흘려보내고 해결하십시오. 우리를 죽음으로 이끄는 죄의 권세가 그리스도 안에 있는 우리에게는 전혀 없기 때문입니다.

이 놀라운 사실을 의심하는 우리를 위해 쓰여진 책이 히브리서입니다. 사실 우리가 사망에서 생명으로 옮겨진 사실을 우리가 짓는 일상적인 죄 때문에 의심합니다. 아직도 신문지에서 썩은 생선 냄새가 나듯이, 우리가 본래 죄인이었기 때문입니다.

구약을 보면 그 죄를 해결하기 위하여 속죄의 제물을 불에 태워 하나님께 드렸습니다. 이같이 불에 태워 드리는 것은 나의 죄를 어떤 짐승의 죽음을 통하여 대속하는 행위였습니다. 잔인한 일이지만 죄의 대속을 위해서는 반드시 필요했습니다. 그만큼 우리의 죄는 심각하고 단순하지 않다는 뜻이었습니다.

> 율법을 따라 거의 모든 물건이 피로써 정결하게 되나니 피흘림이 없은즉 사함이 없느니라 _히 9:22

죄의 심각성입니다. 우리의 죄는 단순하지 않기 때문입니다. 생명을 죽여야 생명을 유지할 수 있을 정도로 말입니다. 그러므로 우리의 죄의 심각성을 해결하기 위하여 피의 제사가 필요했습니다. 우리의 죄를 대신하여 주님께서 죽으신 이유입니다.

> [18]너희가 알거니와 너희 조상이 물려 준 헛된 행실에서 대속함을 받은 것은 은이나 금 같이 없어질 것으로 된 것이 아니요 [19]오직 흠 없고 점 없는 어린 양 같은 그리스도의 보배로운 피로 된 것이니라
>
> _벧전 1:18-19

그런데 예수님의 십자가는 구약의 제사와 근본적으로 다릅니다.

제사의 유효기간 때문입니다. 레위기 법의 제사는 죄마다 매번 대속이 필요했습니다. 그런데 예수 그리스도의 대속은 단 한번으로 영원한 것이었습니다.

> 12오직 그리스도는 죄를 위하여 한 영원한 제사를 드리시고 하나님 우편에 앉으사 14… 한 번의 제사로 영원히 온전하게 하셨느니라 18… 다시 죄를 위하여 제사 드릴 것이 없느니라 _히 10:12,14,18

담대하게 하나님에게로

구약의 제사는 예수님의 단 한 번의 완벽한 제사, 십자가에서 죽으심으로 완성되었습니다. 더 이상 대속의 제사가 필요 없게 된 것입니다. 이제 남은 것은 믿음으로 담대하게 하나님께로 나아가는 것과 예수 그리스도의 이름을 의지하여 하나님 앞에 서는 것입니다. 그렇게 설 수 있도록 우리는 깨끗함을 입었습니다.

> 19그러므로 형제들아 우리가 예수의 피를 힘입어 성소에 들어갈 담력을 얻었나니 20그 길은 우리를 위하여 휘장 가운데로 열어 놓으신 새로운 살 길이요 휘장은 곧 그의 육체니라 _히 10:19-20

우리가 그의 이름을 부를 때 그가 흘리신 피가 우리 마음에 뿌려졌기 때문입니다. 예수의 피가 우리 안에 있는 것입니다. 바로 대속의 피입니다.

> 우리가 마음에 뿌림을 받아 악한 양심으로부터 벗어나고 몸은 맑은
> 물로 씻음을 받았으니 참 마음과 온전한 믿음으로 하나님께 나아가
> 자 _히10:22

그런데 우리는 가끔 흔들립니다. 우리가 여전히 죄를 짓기 때문입니다. 물론 영원한 죽음에 이르는 죄는 아닐지라도 "유혹의 욕심을 따라 썩어져 가는 구습을 따르는 옛 사람"(엡 4:22)이 야기시키는 죄입니다. 그런 까닭에 우리는 매일 죄를 직면하고 회개해야 합니다.

유월절 만찬 도중 예수님이 제자들의 발을 씻기실 때 베드로에게 "이미 목욕한 자는 발밖에 씻을 필요가 없느니라"(요 13:1)라고 말씀하신 것에서 알 수 있듯이, 우리는 매일 발을 씻듯이 회개해야 합니다. 매일 우리 죄를 직면하고 회개하는 것을 멈춰서는 안 됩니다.

세숫대야에 적당히 뜨거운 물을 준비한 후 발을 담급니다. 발이 충분히 불릴 때까지 자신의 죄를 생각합니다. 그리고 적당한 시점에 발에 붙은 때를 자신의 죄들과 동일시하고 씻어내면서 죄를 회개하는 기도를 합니다.

잊지 마십시오. 근원적인 죄는 주님이 해결하셨습니다. 이제 우리가 짓는 자범죄들은 늘 회개하고 정결하게 해야 합니다. 그것이 거룩의 추구입니다. 그러므로 발을 씻을 때마다 구체적으로 죄를 생각하고 그 죄를 씻어내는 시간으로 삼으십시오.

10일. 토요일
죄를 묵상하다

수시로
손을 씻다

[1]우리가 하나님과 함께 일하는 자로서 너희를 권하노니 하나님의 은혜를 헛되이 받지 말라 [2]이르시되 내가 은혜 베풀 때에 너에게 듣고 구원의 날에 너를 도왔다 하셨으니 보라 지금은 은혜 받을 만한 때요 보라 지금은 구원의 날이로다 _고후 6:1-2 (더 읽기. 눅 23:39-43)

지금 당장 죄를 해결하라

회개할수록 우리는 더 정결해지고 담대해질 것입니다. 그러므로 발 씻기 묵상 의식은 놓치지 말고 늘 할 필요가 있습니다. 하지만 우리가 죄를 의식하고 하나님 앞에 나가는 것은 더 민감해져야 합니다.

그럼에도 불구하고 또 우리는 죄를 지을지 모릅니다. 또한 반복적인 죄의 고백과 회개로 낙심할 수도 있습니다. 자신의 모습이 너무 부끄러울 수도 있습니다. 그때에도 절대 포기하지 마십시오.

우리가 선을 행하되 낙심하지 말지니 포기하지 아니하면 때가 이르매 거두리라 _갈 6:9

주님께서 절대로 포기할 의사가 없으시기 때문입니다. 우리의 마지막 순간까지 그분은 계속 역사하실 것입니다.

유월절 전에 예수께서 자기가 세상을 떠나 아버지께로 돌아가실 때가 이른 줄 아시고 세상에 있는 자기 사람들을 사랑하시되 끝까지 사랑하시니라 _요 13:1

우리에게 필요한 것은 빨리 돌아가는 것입니다. 돌아서서 다르게 사는 것입니다. 죄를 지었다면 빨리 회개하고 하루라도 더 빨리 주를 위한 삶을 살면 됩니다. 주님 안에서 늦은 때는 없습니다. 언제나 지금이 구원받을만한 때이고 새롭게 시작할 수 있는 때입니다. 그것을 안 바울이 이렇게 권면하였습니다.

내가 은혜 베풀 때에 너에게 듣고 구원의 날에 너를 도왔다 하셨으니 보라 지금은 은혜 받을 만한 때요 보라 지금은 구원의 날이로다 _고후 6:2

예수님 옆에서 십자가에 매달려 죽어가던 한 강도가 예수님께 "예수여 당신의 나라에 임하실 때에 나를 기억하소서"(눅 23:42)라고 말했을 때, 극심한 고통 가운데 있던 그리스도 예수께서 지체 없이 선포하셨습니다.

> 내가 진실로 네게 이르노니 오늘 네가 나와 함께 낙원에 있으리라
> _눅 23:43

우리에게 늦은 시간은 없습니다. 언제나 지금, 오늘 결정할 수 있습니다. 그런 의미에서 언제나 적절한 때일 뿐입니다. 미룰 필요 없습니다. 특히 죄를 묵상할 때마다 떠오르는 죄를 미뤄두거나 묵혀두지 마십시오. 당장 지금 바로 이 순간에 회개하고 해결하십시오. 그것이 축복입니다.

묵상 행동

우리가 늘 해야 할 죄를 의식하고 죄를 씻는 의식으로서 손 씻기 묵상 퍼포먼스를 권합니다. 우선 죄가 나를 사로잡을 때마다 세면대로 가서 손을 씻으십시오. 구체적으로 그 죄를 생각하며 씻어내십시오. 뿐만 아니라 손을 씻을 때마다 떠오르는 모든 죄를 하나씩 씻어내십시오. 비누칠을 하고 꼼꼼히 닦을 때, 죄를 기억하고 죄를 씻어내면 됩니다.

Part 3

비우심, 낮추심, 그리고 죽으심

11일. 월요일
비우심, 낮추심, 그리고 죽으심

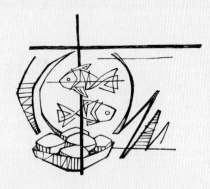

예수의
케노시스

⁵너희 안에 이 마음을 품으라 곧 그리스도 예수의 마음이니 ⁶그는 근본 하나님의 본체시나 하나님과 동등됨을 취할 것으로 여기지 아니하시고 ⁷오히려 자기를 비워 종의 형체를 가지사 사람들과 같이 되셨고 ⁸사람의 모양으로 나타나사 자기를 낮추시고 죽기까지 복종하셨으니 곧 십자가에 죽으심이라_ 빌 2:5-8

자기를 비우다

우리가 원래 재, 곧 먼지 같은 존재이지만, 그리스도 안에서 우리는 권위를 가진 하나님의 자녀입니다. 우리가 언제나 주님을 바라보아야 하는 이유입니다. 물론 단어 그대로 바라보는 것이 아니라, 예수께서 보여주신 길을 따르는 것이어야 합니다. 이를 위해 예수의 길을 주의해야 하는데, 바울이 정확하게 기록하였습니다.

그는 근본 하나님의 본체시나 하나님과 동등됨을 취할 것으로 여기
지 아니하시고 오히려 자기를 비워 _빌 2:6-7a

"자기를 비우시다"에서 '비우시다'는 뜻의 헬라어는 '케노오'(명사
케노시스)입니다. NIV는 이것을 "스스로 아무 것도 아닌 것이 되시
다"(made himself nothing)로 번역했습니다.

'아무 것도 아닌 것', 그것은 자신을 주장하지 않는 것으로 나타났
습니다. 하나님과 동등 되시지만 그것까지 비우시고 사람이 되셨습
니다. 스스로 자신을 제한하신 것입니다. 분명 주님은 하나님이시
지만, 그 지위의 권한을 다 포기하시고 인간이 되심으로, 인간과 같이
실제로 고통 받으시고 배고픔을 느끼시고, 눈물과 기쁨 심지어 유혹
받는 존재가 되신 것입니다. 물론 하나님이시기에 언제든지 주님은
하나님으로서 권세를 사용할 수 있으시며, 지금 만나고 있는 모든
문제와 개인적인 어려움을 한 번에 해결하실 수 있습니다. 하지만
우리를 구속하시기 위하여, 놀라운 권세자이시지만 진짜 인간이 되
신 것입니다. 그리고 '자기를 비우시다', 곧 '아무 것도 아닌 것'의 완
성은 십자가 위에서 성취되었습니다. 죽음이었습니다.

7오히려 자기를 비워 종의 형체를 가지사 사람들과 같이 되셨고 8사
람의 모양으로 나타나사 자기를 낮추시고 죽기까지 복종하셨으니
곧 십자가에 죽으심이라 _빌 2:7-8

'비우심'으로 시작된 예수의 케노시스는 '낮추심'으로 사셨고 결국 '죽으심'으로 완성된 것입니다.

주님을 따르다

우리가 사순절을 지내면서 좇아야 할 삶의 방법이 바로 예수의 케노시스입니다. 사실 우리는 주님의 길을 좇는 제자로 부름 받았습니다. 영광스러운 일입니다. 바로 그때, 제자들을 부르실 때 주님은 분명 두 가지를 제시하셨습니다. 하나는 '주를 따르는 것'이고 다른 하나는 '사람을 낚는 어부'의 삶입니다. 실제로 주님이 공생애를 마치시고 부활하신 후 제자들에게 마지막으로 부탁하신 것은 '사람을 낚는 어부'의 삶으로서 제자삼기 명령이었습니다.

> [19]그러므로 너희는 가서 모든 민족을 제자로 삼아 아버지와 아들과 성령의 이름으로 세례를 베풀고 [20]내가 너희에게 분부한 모든 것을 가르쳐 지키게 하라 볼지어다 내가 세상 끝날까지 너희와 항상 함께 있으리라 하시니라 _마 28:19-20

매우 중요한 명령입니다. 그동안 교회가 추구해온 주님의 명령입니다. 그로 인해 초대교회 시절과는 비교할 수 없을 만큼 풍요로운 교회를 이뤘습니다. 우리 한국 땅에 드러난 교회의 부흥으로 충분히 설명할 수 있습니다. 하지만 이상한 일이 벌어졌습니다. 바로 나약한 크리스천 현상입니다. 초대교회나 초기 교회와는 비교할 수 없을 만큼 나약해졌고, 부요하고 성공했지만 비난받는 교회와 크리스천이 되고 말았습니다. 왜 이런 일이 벌어진 것입니까?

두말할 것도 없이 첫 번째 명령 곧 '주를 따르는 것'으로서 제자도 명령을 간과하였기 때문입니다.

> 아무든지 나를 따라오려거든 자기를 부인하고 날마다 제 십자가를 지고 나를 따를 것이니라 _눅 9:23

'주를 따르는 것'의 조건으로서 '자기 부인'과 '날마다 십자가를 지는' 삶을 소홀히 한 것입니다. 그것의 실패가 '주를 따르는 것'의 실패를 가져왔습니다. 예수의 케노시스 사건으로 말하면 주님이 보여 주신 비우심과 낮추심 그리고 죽으심을 부정하고 따르지 않았기 때문입니다. 그러므로 주님의 고난과 죽음을 묵상하는 것의 목표는 주님의 케노시스에 참여하는 것이어야 합니다. 그때 우리를 부르신 주님의 부르심과 소명이 보일 것입니다. 거기서부터 시작해야 합니다.

예수를 따르는 제자로서의 삶을 원한다면 당연히 이 원리를 우리도 추구해야 합니다. 비우심과 낮추심, 그리고 죽으심입니다.

'비우심', 비운다는 것은 욕망하는 것을 포기하는 것을 말합니다. 그렇다면 잠시라도 비우는 것을 시도해보십시오. 배를 비우고, 마음과 생각을 비우고, 물질적 욕구를 비우고, 성적 욕망을 비우는 시간을 가져보십시오.

'낮추심', 하나님이 사람이 되신 것처럼 내가 있는 자리에서 아래로 내려오는 것을 시도해보십시오. 일정 기간만이라도 상사에서 부하 직원으로 내려와 보고, 아버지와 어머니에서 아들과 딸로, 선생에서 학생으로, 어른에서 아이로, 담임목사에서 파트타임 전도사로 내려와 보십시오.

'죽으심', 죽은 시체는 자기를 주장할 수 없듯이 모든 것에 대한 자기 주장을 포기해보십시오. 흐르는 대로 몸과 마음을 맡기고 나를 포기함으로 제한해보십시오.

12일. 화요일

비우심, 낮추심, 그리고 죽으심

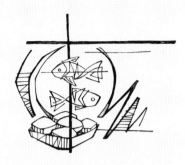

비우다,
먹는 것의 문제

[1]그 때에 예수께서 성령에게 이끌리어 마귀에게 시험을 받으러 광야로 가사 [2]사십 일을 밤낮으로 금식하신 후에 주리신지라 [3]시험하는 자가 예수께 나아와서 이르되 네가 만일 하나님의 아들이어든 명하여 이 돌들로 떡덩이가 되게 하라 [4]예수께서 대답하여 이르시되 기록되었으되 사람이 떡으로만 살 것이 아니요 하나님의 입으로부터 나오는 모든 말씀으로 살 것이라 하였느니라 하시니_마 4:1-4

먹는 문제

모든 것의 문제는 인간의 끝없는 탐식에서 나옵니다. 중국 과학원 공동연구팀의 발표에 의하면 '신종 코로나, 사스는 과일 박쥐에서 발견되는 HKU9-1 바이러스가 공통 조상'이라고 보고 있는데, 주로 중국인들이 야생동물을 날 것으로 먹는 습관에 의한 감염일 가능성이 높다고 발표했습니다. 먹는 욕망, 탐식에서 비롯되었습니다.

이같은 탐식은 모든 인간들에게 있는 욕망입니다. 탐식의 경향은 이미 기러기, 개구리, 청둥오리, 뱀, 개, 달팽이 같은 것은 물론이고 비정상적인 방법으로 먹는 것을 즐기는 것과 관계있습니다. 예를 들어 프랑스에서 3대 요리로 꼽히는 푸아그라(foie gras)라는 거위간 요리가 있는데, 이 요리의 주재료인 거위의 간을 얻는 일은 거위를 학대하는 것에서 시작됩니다. 우선 거위를 틀에 넣어 꼼짝도 할 수 없게 한 후, 깔대기를 거위 목에 집어넣고 강제로 곡물을 쑤셔 넣습니다. 이처럼 사료를 반복해서 주는 과정을 '가바주'(gavage)라고 하는데, 거위가 옥수수를 잘 삼키도록 이따금씩 거위의 목을 손으로 훑어 내리기도 합니다. 이렇게 강제로 음식물이 투여되면서 거위의 간은 지방질로 덮이게 되고, 그 크기는 정상적인 간의 5-10배 정도로 커지게 되는데, 푸아그라는 그래야 제맛이 난다고 합니다.

우리나라에서도 반달곰 사육농장에서 쓸개즙을 얻기 위해 곰의 담낭에 고무호수를 꽂는 등 비상식적인 행위가 보도된 적이 있었는데, 이와 같은 인간의 탐식에 대한 이야기는 끝이 없습니다.

첫 번째 시험

탐식의 문제는 인간의 기본 욕망과 관계되어 있습니다. 그래서 그런 것인지 몰라도 예수께서 처음 받은 시험이 바로 먹는 문제였습니다.

> 네가 만일 하나님의 아들이어든 명하여 이 돌들로 떡덩이가 되게 하라 _마 4:3

'먹는 문제', 인간이 가장 무너지기 쉬운 죄의 영역입니다. 그래서 사탄이 먼저 꺼낸 회심의 시험이 먹는 문제였던 것입니다. 그런데 놀라운 것은 먹는 문제가 죄처럼 보이지 않는 것입니다. 하지만 죄된 경향을 갖고 있습니다. 그래서 언제나 먹는 것은 시험의 도구가 됩니다. 과도하게 먹는 것으로 이어지기 때문입니다. 선악과 먹기에서 드러난 것처럼, 단순히 먹는 생존의 문제가 아니라 내부적인 공허와 갈증, 결핍과 인간의 한계를 넘어가려는 종교적 동기나 욕망의 표현이 되기 때문입니다.

어느 날부터 사람들은 닥치는 대로 먹기 시작했습니다. 개나 고양이는 물론이고 어떤 종류의 짐승이나 곤충을 먹기 시작하였고, 심지어 매우 비정상적인 방법으로 먹는 것을 즐기기 시작하였습니다. 과도한 탐식입니다.

먹는 것의 죄성

더 큰 문제는 탐식이 단순히 음식의 문제가 아니라 지위, 권력, 부와 사치의 상징으로 드러나기 시작한 것입니다. 먹는 문제가 강력한 단절과 분리를 만든 것입니다. 더 많이 먹고 탐식함으로 가난한 자들을 더 가난하게 만들고, 지나친 음식과 미각의 쾌락을 추구함으로 합법적으로 사람들 사이에 구분을 짓고 경계를 만들었습니다.

먹는 것의 죄성입니다. '먹는 문제'가 사탄의 도구가 될 수 있습니다. 예수님에게 한 첫 번째 시험이 먹는 문제였던 것처럼 말입니다.

그렇다면 왜 먹는 것이 문제가 됩니까? 먹는 것이 생존을 넘어 자신의 채워지지 않는 공허를 채우려는 욕망과 죄성을 만나기 때문입니다. 그러므로 주님이 그 문제에 대해 반응하신 말씀을 주의해야 합니다.

사람이 떡으로만 살 것이 아니요 하나님의 입으로부터 나오는 모든 말씀으로 살 것이라 _마 4:4

먹는 문제를 가볍게 여겨서는 안 되는 이유입니다. 사실 우리 욕망 중 먹는 것만큼은 자유롭게 내버려둡니다. 하지만 그것도 욕망이고 죄 된 욕망으로 발전될 수 있습니다. 탐식이나 폭식처럼 말입니다. 그러므로 사순절을 지내면서 우리가 비워야 할 첫 번째 욕망은 탐식입니다.

묵상 행동

하루 한 끼 정도라도 금식해보십시오. 혹은 먹는 욕망을 줄여 절식해보십시오. 그리고 아침이나 점심 혹은 저녁, 그 금식하는 시간이나 절식의 시간에 말씀을 먹어보십시오. 가장 기본적인 욕구인 먹는 것을 제한하고, 주의 말씀을 먹는 것의 아름다움을 누려보십시오.

13일. 수요일

비우심, 낮추심, 그리고 죽으심

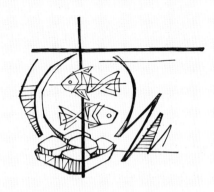

비우다,
돈의 문제

6예수께서 베다니 나병환자 시몬의 집에 계실 때에 7한 여자가 매우 귀한 향유 한 옥합을 가지고 나아와서 식사하시는 예수의 머리에 부으니 8제자들이 보고 분개하여 이르되 무슨 의도로 이것을 허비하느냐 9이것을 비싼 값에 팔아 가난한 자들에게 줄 수 있었겠도다 하거늘 _마 26:6-9 (더 읽기, 마 26:10-13)

이상한 시선

7한 여자가 매우 귀한 향유 한 옥합을 가지고 나아와서 식사하시는 예수의 머리에 부으니 8제자들이 보고 분개하여 이르되 무슨 의도로 이것을 허비하느냐 _마 26:7-8

요한복음을 보면 이 말을 한 인물은 가룟 유다(요 12:4)였습니다.

도대체 제자들, 특히 유다는 왜 이렇게 분개한 것입니까? 알다시피 가룟 유다, 그는 예수님의 제자입니다. 제자 중에 세리였던 마태가 있었지만, 그는 예수님의 재정을 관리하는 일을 할 만큼 영리한 사람이었습니다. 또한 그 역시 예수의 부르심에 응답한 사람이었습니다. 하지만 그는 무지했습니다. 그는 그 여자, 곧 마리아가 한 행위의 의미를 몰랐습니다. 마리아는 주님이 죽으실 것을 미리 알고 엄청난 의식을 행한 것이었습니다.

> 이 여자가 내 몸에 이 향유를 부은 것은 내 장례를 위하여 함이니라
> _마 26:12

이같은 행위 앞에 주님은 한 걸음 더 나아가 상상할 수 없을 만큼 놀라운 말씀을 하셨습니다.

> 내가 진실로 너희에게 이르노니 온 천하에 어디서든지 이 복음이 전파되는 곳에서는 이 여자가 행한 일도 말하여 그를 기억하리라 하시니라 _마 26:13

"예수의 복음과 함께 언제나 기념되어야 할 사건이다!" 이 여자가 한 일이 우연히 한 것이 아니라 매우 의도적으로 준비된 것이었다는 뜻입니다.

이 엄청난 행위와 대화 그리고 눈빛, 그러니까 아무도 알지 못하

는 비밀스러운 대화와 행동의 향연이 여자와 예수님 사이에 오가는 동안, 제자들은 알지도 깨닫지도 못하고 있었습니다. 더욱이 유다가 그 앞에 서 있었습니다. 그 이유를 성경은 유다의 다른 시선 때문이라고 적습니다.

> 유다는 가난한 사람들을 생각해서가 아니라 그가 도둑이어서 이런 말을 한 것이었다. 그는 돈주머니를 맡아가지고 거기 들어 있는 것을 늘 꺼내 쓰곤 하였다. _요 12:6, 공동번역

돈이 만든 틈새

살핀 것처럼 주님은 매우 친절하게 이 상황이 벌어진 까닭을 설명하셨습니다. 그녀의 행위의 예언적 성격도 설명하셨습니다. 하지만 소용없었습니다. 유다는 그것을 받아들일 준비가 되어 있지 않았습니다. 그의 무지와 욕망의 틈새는 사탄이 일하기 적합한 환경이었습니다. 그때 그가 달려간 곳이 대제사장들이었습니다. 유다가 꺼낸 말입니다.

> 내가 예수를 너희에게 넘겨주리니 얼마나 주려느냐 _마 26:15

돈 때문이었습니다. 유다가 어떤 제안을 했는지 알 수 없지만, 매우 지혜롭게 예수를 팔아넘겼을 것입니다. 그로 인해 민란이 날까

두려워했던 대제사장 세력이 안전하게 예수를 체포할 수 있었습니다. 돈이 지혜를 준 것입니다. 돈 앞에서, 이익 앞에서 사람들은 최고의 지혜를 발휘하고, 사탄 역시 그 돈을 추구하는 자에게 가장 강력한 종교적 힘 같은 능력을 행사합니다. 돈 자체가 신격화되는 이유입니다. 바로 맘몬입니다.

돈은 사탄이 들어오는 통로였습니다. 강력했습니다. 가룟 유다, 3년 동안 예수 그리스도와 함께 한 제자이지만 아무 것도 아니었습니다. 한 순간에 훅 날라 갔습니다. 돈 때문이었습니다. 그러므로 비워야 할 것은 돈에 대한 욕망입니다.

사실 돈은 죄가 아닙니다. 돈에 대한 욕망이 죄의 틈을 만들 뿐입니다. 그러므로 하나님 중심으로 사는 자들에게 돈은 하나님 사역의 통로가 될 수 있습니다. 굶주린 자를 먹이고 병든 자를 고칠 수 있으며, 공부할 수 있도록 도와주며 삶을 영위하는 직업을 풍요롭게 할 수 있습니다. 하나님의 통치를 받는 자들이 돈을 바르게 사용할 때입니다.

문제는 돈을 위해서인지, 아니면 하나님을 위해서인지를 질문하면 알 수 있습니다. 위험한 도박 같은 것이 될 수 있기 때문입니다. 이제 자신의 방향을 결정해야 합니다.

> 한 사람이 두 주인을 섬기지 못할 것이니 혹 이를 미워하고 저를 사랑하거나 혹 이를 중히 여기고 저를 경히 여김이라 너희가 하나님과 재물을 겸하여 섬기지 못하느니라 _마 6:24

오늘은 돈을 묵상하십시오. 우리가 돈을 추구하는 것은 바로 주님을 파는 것과 다름없습니다. 우리는 돈이 아니라 주님을 믿어야 합니다. 그러므로 오늘 하루는 돈을 떠나 사십시오. 돈의 문제가 발생하면 과감히 돈을, 이익을 포기하는 쪽을 택하십시오. 마음을 가난하게 하십시오. 돈을 버리십시오.

14일. 목요일
비우심, 낮추심, 그리고 죽으심

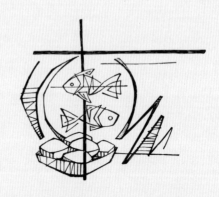

비우다,
욕망의 문제

[1]그런데 뱀은 여호와 하나님이 지으신 들짐승 중에 가장 간교하니라 뱀이 여자에게 물어 이르되 하나님이 참으로 너희에게 동산 모든 나무의 열매를 먹지 말라 하시더냐_창 3:1 (더 읽기, 창 3:2-6)

베다니 사건

그 여자, 곧 마리아가 향유를 부은 사건이 일어난 도시는 베다니였습니다. 그곳 마리아의 집에서 얼마 전에 벌어진 사건이 그의 오라버니 나사로의 부활 사건이었습니다. 그리고 향유를 부은 장소는 베다니 또 다른 사람의 집, 역시 나병이 나은 시몬의 집이었습니다.

예수께서 베다니 나병환자 시몬의 집에서 식사하실 때에 한 여자가

매우 값진 향유 곧 순전한 나드 한 옥합을 가지고 와서 그 옥합을 깨
뜨려 예수의 머리에 부으니 _막 14:3; 마 26:6(예수께서 베다니 나병환자 시몬의
집에 계실 때에)

이처럼 베다니는 엄청난 경험을 한 도시였습니다. 특히 나사로 사
건은 유다 역시 목격했던 일이었습니다. 그런데 지금 유다가 엉뚱한
행동을 하고 있는 것입니다. 이것은 단순히 돈의 욕심을 넘어 이미
자신이 스스로 하나님이 된 태도의 결과라고 밖에 다른 설명이 불가
능합니다.

위경인 유다복음서나 일부 영지주의적 입장을 가진 자들이 주장
하듯이, 유다가 예수를 자극한 것이라고 볼 수도 있습니다. 그런 측
면이 있을 것입니다. 그렇다면 유다의 행동은 예수를 넘어서서 스스
로 하나님이 된 자의 욕망이라 말할 수 있습니다. 사실 이같은 욕망
은 새로운 것이 아닙니다. 우리는 그 시작을 에덴동산에서 이미 찾
을 수 있기 때문입니다. 뱀이 하와에게 한 시험이 바로 그 시험이었
습니다.

너희가 그것을 먹는 날에는 너희 눈이 밝아져 하나님과 같이 되어 선
악을 알 줄 하나님이 아심이니라 _창 3:5

'하나님과 같이 되다.' 이같은 마음을 품었다는 것이 불경스러워
보이지만 사실 이같은 욕망은 문제가 없습니다. 더욱이 이같은 마음

이 생겼다는 것은 하나님이 우리를 그렇게 완벽하게 만드셨기 때문입니다. 우리가 '만족할 수 없는 존재'인 이유입니다. 이같이 끝없는 추구의 욕망은 하나님이 허락하신 것입니다.

> 하나님이 그들에게 복을 주시며 하나님이 그들에게 이르시되 생육하고 번성하여 땅에 충만하라, 땅을 정복하라, 바다의 물고기와 하늘의 새와 땅에 움직이는 모든 생물을 다스리라 하시니라 _창 1:28

하나님적인 존재

하나님은 우리가 끝없이 추구하는 존재, '하나님적인 존재'로 만드신 것입니다. 또한 그렇게 살기를 원하셨습니다. 이처럼 끝이 없는 추구가 하나님이 우리를 향한 뜻입니다. 분명히 우리가 이 세상에서 사는 동안 하는 물질적 추구, "충만하라, 정복하라, 다스리라"는 삶의 태도는 문제가 없습니다. '다스리라'는 표현에서 알 수 있듯이 우리는 하나님에게까지 이를 수도 있습니다. 주님도 시편 말씀을 인용하여 그렇게 말씀하셨습니다.

> [34]예수께서 이르시되 너희 율법에 기록된 바 내가 너희를 신이라 하였노라 하지 아니하였느냐 [35]성경은 폐하지 못하나니 하나님의 말씀을 받은 사람들을 신이라 하셨거든 _요 10:34-35

그래서 우리가 믿을 때 우리는 하나님의 자녀가 되는 놀라운 일이 벌어지는 것입니다.

영접하는 자 곧 그 이름을 믿는 자들에게는 하나님의 자녀가 되는 권세를 주셨으니 _요 1:12

바울 역시 이 놀라운 사실을 알았습니다.

그리하여 우리 모두가 하나님의 아들을 믿는 일과 아는 일에 하나가 되고, 온전한 사람이 되어서, 그리스도의 충만하심(공동번역 : 그리스도의 완전성, NIV : the fullness of Christ)의 경지에까지 다다르게 됩니다. _엡 4:13, 새번역

하지만 우리가 '그리스도의 완전성'에 이르는 신적인 존재가 되는 것에는 조건이 있습니다. 하나는 '하나님의 아들을 믿는 것'입니다. 그런데 믿는 것은 스스로 제한적인 존재, 의존적인 존재임을 시인하는 것입니다.

그리고 다른 하나는 '하나가 되는 것', 곧 일치를 말합니다. 하나님을 떠나지 않고 그분과 하나가 되는 것에 이르기를 추구해야 합니다. 그때 우리는 하나님의 아들로서의 정체성이 확인되는 것이고, 그리스도의 완전성으로 나아가게 되는 것입니다.

그런데 아담과 하와가 뱀의 속삭임을 받아들여 선악과를 따 먹습

니다. 분명히 '하나님까지' 이르고 싶은 욕망이 있는 것은 당연한 일이지만, 이것은 언제나 바울이 이야기한 것처럼 제한적 존재임을 인식하고 의존하는 믿음과, 언제나 하나님과의 일치 가운데서 이뤄져야 했습니다.

하지만 아담과 하와의 행위는 제한적 존재로서의 '믿음'이 아니라 하나님과 동일한 존재로서의 욕망, 곧 '독립'에 대한 갈망과 그리 될 수 있다는 착각의 행위였습니다. 또한 하나님과의 '일치'가 아니라 '분리'로서의 삶이었습니다.

엄밀하게 따지면 하나님 없이도 '신'과 유사한 존재가 될 수 있습니다. 실제로 하나님 없이 거의 신의 경지에 이른 이들을 역사 속에서 만납니다. 히틀러, 김일성을 비롯해서 어떤 인간은 거의 신처럼 행동합니다. 권세의 측면에서 그렇습니다. 그러나 언제나 하나님일 수 없습니다. 금송아지처럼 비슷한 유사 하나님일 뿐입니다.

분명 인간은 놀라운 존재입니다. 하지만 잊지 말아야 할 것은 제한된 존재, 피조물이라는 사실입니다. 우리 안의 욕망도 문제가 없습니다. 하지만 하나님을 벗어나서 자기 마음대로 살고 싶어하는 '정욕'(the sinful desires, 롬 1:24)이 문제일 뿐입니다.

그러므로 주님을 믿는 것과 그분과의 일치 안에서 우리는 놀라운 하나님의 자녀로서의 권세를 누리며 살 수 있습니다. 우리가 전혀 경험해보지 못했던 능력을 구사하며 그 단계에 이를 수도 있습니다. 이것이 하나님과의 일치에서 나오는 능력입니다.

너희가 내 안에 거하고 내 말이 너희 안에 거하면 무엇이든지 원하는 대로 구하라 그리하면 이루리라 _요 15:7

묵상 행동

터져 나오는 욕망을 주의하시고 자기를 부인하는 시도를 해보십시오. 혹 그 욕망을 따라 행동하였다면 그것들을 적어두십시오. 기억하십시오.

잊지 말아야 할 것이 있습니다. 죄와 욕망은 하나님 밖에 있을 때 강력해집니다. 그러므로 언제나 하나님과 함께 하는 수련을 게을리 하지 마십시오.

15일. 금요일
비우심, 낮추심, 그리고 죽으심

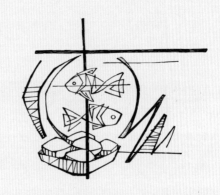

낮추다,
낮아짐의 문제

[1]유월절 전에 예수께서 자기가 세상을 떠나 아버지께로 돌아가실 때가 이른 줄 아시고 세상에 있는 자기 사람들을 사랑하시되 끝까지 사랑하시니라 [2]마귀가 벌써 시몬의 아들 가룟 유다의 마음에 예수를 팔려는 생각을 넣었더라 _요 13:1-2 (더 읽기, 요 13:3-5, 12-15)

종이 되심으로

[6]그는 근본 하나님의 본체시나 하나님과 동등됨을 취할 것으로 여기지 아니하시고 [7]오히려 자기를 비워 종의 형체를 가지사 사람들과 같이 되셨고 [8]사람의 모양으로 나타나사 자기를 낮추시고 죽기까지 복종하셨으니 곧 십자가에 죽으심이라 _빌 2:6-8

오로지 한 가지 이유, 곧 우리를 살리기 위함이었습니다. 스스로 죄인의 모습을 가지시고 거룩을 버리셨습니다. 무한한 낮아지심입니다. 아예 '종'이 되셨습니다. 그것만이 우리를 살리는 방법임을 주님은 아셨던 것입니다.

제자들에게 가르치신 것도 바로 이것이었습니다. 낮아지는 것과 섬기는 것입니다. 예수님이 잡히시기 전날 유월절 식사를 할 때였습니다. 갑자기 주님이 겉옷을 벗고 수건을 허리에 두르신 후 대야에 물을 떠서 제자들의 발을 씻기기 시작하셨습니다. 누구의 발을 먼저 씻어주었는지는 알 수 없지만, 그것이 가룟 유다일 수도 있다는 사실이 가슴을 먹먹하게 합니다.

전체적 정황을 이해하기 위하여 요한복음 13장 4절에의 발 씻는 사건 앞에 나오는 구절을 자세히 보겠습니다. 우선 예수께서 이같은 행동을 하신 근본적인 동기가 1절에 먼저 기록되어 있습니다.

유월절 전에 예수께서 자기가 세상을 떠나 아버지께로 돌아가실 때가 이른 줄 아시고 세상에 있는 자기 사람들을 사랑하시되 끝까지 사랑하시니라 _요 13:1

주님은 자신이 만날 죽음의 날이 가까운 것을 알고 계셨습니다. 그래서 주님은 제자들에게 자신의 사랑을 더 세심하게 표현하고자 하셨습니다. "자기 사람들을 사랑하시되 끝까지 사랑"을 어떻게 표현할 수 있을까 생각하신 것으로 보입니다.

이미 가룟 유다의 마음은 예수를 배신하는 것으로 결정된 상태였습니다(요 13:2). 하지만 1절에서 보이는 예수님의 마음은 여전히 가룟 유다가 '자기 사람'이었을 것입니다.

이제 주님의 마음을 말할 수 있는 시간은 지금 밖에 없는 것과 다름없었습니다. 분명히 죽음이 가까워 온 것을 아셨기 때문입니다. 그래서 4절의 발 씻으시는 일을 하신 것입니다.

> 4저녁 잡수시던 자리에서 일어나 겉옷을 벗고 수건을 가져다가 허리에 두르시고 5이에 대야에 물을 떠서 제자들의 발을 씻으시고 그 두르신 수건으로 닦기를 시작하여 _요 13:4-5

이같은 정황을 볼 때 유다도 발을 씻긴 대상에 포함된 것으로 보이고, 유다를 언급한 것을 볼 때 유다가 처음일 가능성도 있습니다. 그렇지 않을지라도 분명히 유다의 발도 씻었을 것으로 보입니다. "그들의 발을 씻으신 후에"(요 13:12) 자리에 앉으셨고, 그 의미를 말씀하신 후 다시 떡을 떼어주신 일이 계속되었기 때문입니다. 물론 유다에게도 떡 한 조각을 떼어주셨습니다(요 13:26).

드디어 시몬 베드로의 순서가 되었을 때였습니다. 베드로는 다른 제자들이 주님의 행동을 받아들이고 있는 것이 못마땅했던 것으로 보입니다. 그래서 베드로가 말하였습니다.

> 내 발을 절대로 씻지 못하시리이다 _요 13:8

발을 보이는 것은 자신의 수치를 드러내는 것이었습니다. 하지만 주로 종이 발을 씻어주었는데, 그때는 수치를 드러내는 것이 아니라 수치를 닦는 것을 의미하였습니다. 그러므로 닦는 자가 수치를 당하는 것이고 종으로서 섬기는 행위였습니다. 그래서 베드로가 거절했던 것입니다.

그같은 반응에 주님은 "내가 너를 씻어 주지 아니하면 네가 나와 상관이 없느니라"(요 13:8)고 말씀하셨습니다. 그때 베드로가 화들짝 놀라서 다음과 같이 말합니다.

주여 내 발뿐 아니라 손과 머리도 씻어 주옵소서 _요 13:9

이어 주님은 "이미 목욕한 자는 발밖에 씻을 필요가 없느니라 온 몸이 깨끗하니라"(요 13:10)고 말씀하십니다. '온 몸이 깨끗하다', 그러므로 발을 씻는 행위가 상징적 행위임을 말하고 있음을 알 수 있습니다.

주님이 말하고 싶으셨던 것

그러나 정작 주님이 말씀하시고 싶은 것은 다른 데 있었습니다. 바로 이 말씀에 들어 있습니다.

14내가 주와 또는 선생이 되어 너희 발을 씻었으니 너희도 서로 발을 씻어 주는 것이 옳으니라 **15**내가 너희에게 행한 것 같이 너희도 행하게 하려 하여 본을 보였노라 _요 13:14-15

주와 선생이 스스로 종이 되어 수치를 품겠다는 뜻입니다. 그러므로 발을 씻기는 것은 회개의 의식이 아니라 '수치를 품는 의식'임을 알 수 있습니다. '리더가 제자의 수치를 품다!' 이 놀라운 사실을 알게 된 바울 역시 그 순간부터 예수의 방식을 좇았습니다. 기꺼이 섬기고 종이 되기를 즐거워했습니다.

19내가 모든 사람에게서 자유로우나 스스로 모든 사람에게 종이 된 것은 더 많은 사람을 얻고자 함이라 **22**… 내가 여러 사람에게 여러 모습이 된 것은 아무쪼록 몇 사람이라도 구원하고자 함이니 _고전 9:19,22

오늘의 문제는 섬기지 않고 종이 되지 않으려 하는 데 있습니다. 그럴 때 기독교가 귀족교회가 되었습니다. '종 됨'을 놓쳤습니다. 그것이 예수의 가르침 전부를 잃은 것임을 모르고 말입니다.

자신이 있던 위치에서 내려와 보십시오. 주님처럼 종으로 살아보십시오. 하루 혹은 남은 사순절 기간 동안이라도 철저히 종처럼 섬기며 살아보십시오. 그때마다 하나님의 보좌를 버리시고 사람이 되어 종으로 사신 주님을 기억하십시오.

16일. 토요일
비우심, 낮추심, 그리고 죽으심

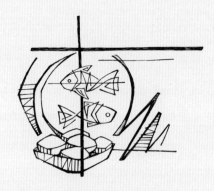

낮추다,
용서의 문제

²¹그 때에 베드로가 나아와 이르되 주여 형제가 내게 죄를 범하면 몇 번이나 용서하여 주리이까 일곱 번까지 하오리이까 ²²예수께서 이르시되 네게 이르노니 일곱 번뿐 아니라 일곱 번을 일흔 번까지라도 할지니라 _마 18:21-22 (더 읽기, 마 18:23-35)

예수 그리스도가 자신을 낮추시는 걸 제자들의 발을 씻는 행위로 드러내신 까닭에, 그것의 결론은 무한한 용서로 나타났습니다. 발을 씻기는 것의 낮아짐이 곧 겸비의 표현이라면, 삶으로 드러난 것이 용서이기 때문입니다.

우리가 받은 용서

그 때에 베드로가 나아와 이르되 주여 형제가 내게 죄를 범하면 몇 번이나 용서하여 주리이까 일곱 번까지 하오리이까 _마 18:21

우리가 좋아하는 질문 방식입니다. 주님도 매우 구체적으로 용서할 횟수를 제시하셨습니다. "일곱 번뿐 아니라 일곱 번을 일흔 번까지라도"(마 18:22), 숫자로는 490번입니다. 그러나 사실 불가능한 숫자입니다. 그러니까 그저 용서하라는 말씀이었습니다.

어쩌면 베드로는 자신이 했던 용서 행위를 인정받고 싶었는지도 모르겠습니다. 그때 주님이 약간은 과장된 표현으로 이야기를 꺼내셨습니다. 일만 달란트 빚진 자 이야기였습니다. 그가 주인에게 빚을 졌는데, 그 액수는 도무지 갚을 수 없는 것이었습니다.

[24]결산할 때에 만 달란트 빚진 자 하나를 데려오매 [25]갚을 것이 없는지라 주인이 명하여 그 몸과 아내와 자식들과 모든 소유를 다 팔아 갚게 하라 하니 _마 18:24-25

당시 한 달란트는 6천 데나리온이었는데, 한 데나리온은 노동자의 하루 품삯입니다. 만일 하루 품삯을 10만원으로 잡으면 한 데나리온은 6천 데나리온으로 약 6억 원 정도가 됩니다. 그러므로 일만 달란트는 대충 6조 정도가 되는 어마어마한 액수입니다. 그런데 갚아야 합니다. 책임을 묻고 있는 것입니다. 하지만 갚을 길이 없습니다. 모든 것을 다 바쳐도 갚을 수 없어서 죽어도 갚아야 하는 것입니다. 그것이 종말이고 지옥입니다. 하지만 지옥은 갚아도 갚아도 끝이 없는 곳입니다. 게다가 갚을 수도 없는 상태입니다. 어떤 틈도 없는, 희망이 없는 상태를 말합니다.

하지만 주님의 이 말씀이 지옥을 말하려고 하신 것이 아니라 천국을 말하려고 하신 비유임을 기억할 필요가 있습니다. 그 시작 구절을 읽어보면 알 수 있습니다.

> 그러므로 천국은 그 종들과 결산하려 하던 어떤 임금과 같으니
> _마 18:23

천국은 도무지 갚을 길이 없는 자가 아무런 조건도 없이 탕감 받는 곳, 전적인 은혜만 있는 곳임을 말씀하신 것입니다. 우리의 행위로 인해 가는 곳이 아닙니다. 오로지 하나님의 긍휼이 전부일 뿐입니다.

> 그 종의 주인이 불쌍히 여겨 놓아 보내며 그 빚을 탕감하여 주었더니 _마 18:27

'불쌍히 여김'이 모든 이유였습니다. 그를 긍휼히 여기신 것입니다. 그런데 일만 달란트 탕감 받은 종이 자신에게 백 데나리온 빚진

자를 만났을 때 놀랍게도 정의를 요구합니다. 당시 하루 품삯으로 계산하면 일천 만 원 정도의 돈이었습니다. 적은 액수는 아니지만 6조 원에는 비할 수 없는 액수였습니다. 더욱이 그 동료인 종이 조금만 기다려달라고 사정했음에도 불구하고 법대로 처리하여 감옥에 집어넣습니다.

> 29그 동료가 엎드려 간구하여 이르되 나에게 참아 주소서 갚으리이다 하되 30허락하지 아니하고 이에 가서 그가 빚을 갚도록 옥에 가두거늘 _마 18:29-30

우리가 해야 할 용서

법대로 처리하다니, 그에게는 그가 탕감 받은 것 같은 주님의 마음이 없었습니다. 불쌍히 여김도, 긍휼히 여김도 없었습니다. 그 순간 그곳이 지옥이 되었습니다. 지옥은 그 종이 자초한 곳이었고, 그 지옥의 상황은 곧바로 자신에게도 전이되었습니다. 그가 만난 지옥의 이름은 '법대로'였습니다.

> 32...악한 종아 네가 빌기에 내가 네 빚을 전부 탕감하여 주었거늘 33내가 너를 불쌍히 여김과 같이 너도 네 동료를 불쌍히 여김이 마땅하지 아니하냐 하고 34주인이 노하여 그 빚을 다 갚도록 그를 옥졸들에게 넘기니라 _마 18:32-34

우리는 '법대로' 사는 사람들이 아니라 '은혜로' 사는 사람들입니다. 그 은혜로 사는 방법이 바로 용서입니다. 분명 그 종이 일만 달란트 탕감 받은 것은 그가 도무지 할 수 없는 일이었습니다. 반면에 일백 데나리온 빚진 동료를 탕감하거나 갚을 때까지 기다리는 것은 할 수 있는 일이었습니다. 그런데 그 종은 그것을 하지 않았습니다. 용서하지 않은 것입니다. 용서할 수 없는 것을 용서받은 자가 할 수 있는 것을 하지 않은 것입니다.

이제 쉽게 답이 보일 것입니다. 이 세상이 이토록 시끄럽고 힘들어진 이유는 우리가 받은 무조건적인 은혜를 망각하고 살기 때문입니다. 그러므로 우리가 회복해야 할 것은 용서입니다. 그것이 하나님의 은혜에 대한 우리의 진정한 대답이기 때문입니다.

묵상 행동

우리의 용서는 우리가 아무런 대가없이 용서받았기 때문입니다. 내가 용서할 수 없는 자의 잘못을 먼저 적은 후 자신이 용서받은 것과 비교해보십시오. 그리고 먼저 주님 앞에 그를 용서하는 기도를 드리십시오. 어느 순간 하나님이 표현할 용기도 주실 것입니다. 그때에는 놓치지 말고 직접 말로든, 편지든, 문자든 진심으로 용서를 말하십시오. 우리가 용서하는 것은 하나님이 우리를 용서하셨기 때문입니다. 이 사실을 잊지 마십시오.

17일. 월요일
비우심, 낮추심, 그리고 죽으심

낮추다, 본(本)의 문제

[1]이러므로 우리에게 구름 같이 둘러싼 허다한 증인들이 있으니 모든 무거운 것과 얽매이기 쉬운 죄를 벗어 버리고 인내로써 우리 앞에 당한 경주를 하며 [2]믿음의 주요 또 온전하게 하시는 이인 예수를 바라보자 그는 그 앞에 있는 기쁨을 위하여 십자가를 참으사 부끄러움을 개의치 아니하시더니 하나님 보좌 우편에 앉으셨느니라 [3]너희가 피곤하여 낙심하지 않기 위하여 죄인들이 이같이 자기에게 거역한 일을 참으신 이를 생각하라 _히 12:1-3

상상할 수 없을 정도의 용서를 경험한 일만 달란트 탕감 받은 자가 어떻게 그같은 태도를 가질 수 있었을까 하는 질문이 새삼 듭니다. 도대체 그의 마음에 무엇이 들어 있었기에 그랬을까 하는 것입니다.

아무리 은혜를 누렸어도
예수께서 공생애의 끝자락에 예루살렘을 향해 가던 어느 날이었습

니다. 주님은 자신이 당할 수난과 죽음 그리고 부활을 제자들에게
말씀하셨습니다.

> ³보라 우리가 예루살렘에 올라가노니 인자가 대제사장들과 서기관
> 들에게 넘겨지매 그들이 죽이기로 결의하고 이방인들에게 넘겨 주
> 겠고 ³⁴그들은 능욕하며 침 뱉으며 채찍질하고 죽일 것이나 …
> _막 10:33-34

매우 비장하고 심각한 말씀이었습니다. 그런데 기막힌 일이 벌
어졌습니다. 정확한 시점을 특정할 수 없지만, 야고보와 요한이 주
의 영광 중에 자신들을 좌우에 앉혀달라는 부탁을 한 것입니다. 그
순간 나머지 제자들은 그들의 말을 들으면서 분노하였습니다(막
10:41). 그들의 분노 역시 고통 받는 예수 그리스도를 이해해서 나온
분노가 아니라, 예수의 영광이 임할 때 권력을 뺏길지도 모른다는
이기심에서 나온 것이었습니다. 제자들은 아직도 모르고 있었습니
다. 그때 주님이 하신 말씀입니다.

> 너희는 너희가 구하는 것을 알지 못하는도다 내가 마시는 잔을 너희
> 가 마실 수 있으며 내가 받는 세례를 너희가 받을 수 있느냐 _막 10:38

그같은 주님의 물음에 제자들은 "할 수 있나이다"(막 10:39)라고
대답합니다. 하지만 우리가 알 듯이, 그들은 주님의 십자가를 부정

하고 배신하고 도망쳤습니다. 그것이 사실입니다.

물론 제자들이 대단한 이들이 아니라는 뜻은 아닙니다. 그들은 자신들의 모든 것, 삯군, 배와 그물 심지어 아버지까지 버리고 예수를 좇은 이들이었습니다. 제자들은 그런 자신들의 모습을 자랑스럽게 여기고 있었고 주님도 그 사실을 인정하였습니다(막 10:28-30). 하지만 그들은 예수의 십자가 앞에서 시종일관 같은 모습을 견지하지 못하였습니다.

여기서 잊지 말아야 할 것이 있습니다. 일만 달란트 탕감 받은 자든 아니면 제자들처럼 모든 것을 버리고 예수를 좇은 자든 할 것 없이, 언제든지 무너질 수 있는 존재라는 사실입니다. 그런 까닭에 예수님이 제자들의 희생과 포기에 대하여 인정하셨지만, 동시에 언제나 그런 것은 아니라는 뉘앙스의 말씀을 하신 것입니다.

> 그러나 먼저 된 자로서 나중 되고 나중 된 자로서 먼저 될 자가 많으니라 _막 10:31

분명 제자들이 주님을 좇는 모습을 보였지만 그것이 완성된 제자의 모습은 아니었습니다. 분명히 마음에 간절한 마음이 있었지만(막 10:39) 아직 완성된 모습이 아니었습니다. 그래서 주님께서 고난과 죽음을 앞둔 전날 저녁에 매우 중요한 가르침을 주신 것입니다. 그것은 '본'(本)에 관한 것이었습니다.

내가 너희에게 행한 것 같이 너희도 행하게 하려 하여 본을 보였노라 _요 13:15

본(本)이신 예수 그리스도

주님이 보여주신 것은 그 당시 통념으로는 상상할 수 없는 일로서, 선생이 제자의 발을 씻는 퍼포먼스였습니다. 정확하게 말해서 오로지 "너희들의 기준은 나 곧 예수 그리스도"라는 사실을 말하는 것이었습니다.

그러고 보면 주님이 제자들에게 제자도 명령을 주실 때에도 다른 것이 아니라 예수를 따를 것을 요청하셨음을 알 수 있습니다.

아무든지 나를 따라오려거든 자기를 부인하고 날마다 제 십자가를 지고 나를 따를 것이니라 _눅 9:23

이 놀라운 사실을 깨달은 바울에게도 모든 일의 기준과 본은 고민할 것도 없이 예수 그리스도였습니다. 그래서 바울은 그동안 자신을 잊게 했던 모든 것들, 특히 자랑할 만하고 의롭다고 주장할 만한 모든 육체의 것을 해로운 것으로 여겼습니다. 그리고 오로지 '예수를 아는 지식'만 추구한다고 말합니다.

[7]그러나 무엇이든지 내게 유익하던 것을 내가 그리스도를 위하여 다

해로 여길뿐더러 ⁸또한 모든 것을 해로 여김은 내 주 그리스도 예수를 아는 지식이 가장 고상하기 때문이라 … _빌 3:7-8

단순한 지식, 앎이 아니라 아예 마음에 그리스도 예수의 마음을 품을 것을 요청하였습니다.

⁵너희 안에 이 마음을 품으라 곧 그리스도 예수의 마음이니 ⁶그는 근본 하나님의 본체시나 하나님과 동등됨을 취할 것으로 여기지 아니하시고 ⁷오히려 자기를 비워 종의 형체를 가지사 사람들과 같이 되셨고 ⁸사람의 모양으로 나타나사 자기를 낮추시고 죽기까지 복종하셨으니 곧 십자가에 죽으심이라 _빌 2:5-8

주님은 제자들의 모든 것을 알고 계셨습니다. 흔들리고 부인하고 심지어 저주할 것도 아셨습니다. 그러나 놀랍게 변화된 진정한 제자로 살 수 있는 것도 아셨습니다. 주님이 제자들의 배신과 저주에 실망하시지 않은 이유입니다. 오히려 주님은 기다리셨습니다.

분명히 우리도 제자들이 경험한 것처럼 "모든 무거운 것과 얽매이기 쉬운 죄"(히 12:1) 때문에 무너질지 모릅니다. 하지만 포기하지 않고 인내함으로 경주하면 됩니다. 가장 중요한 한 가지, 예수를 바라보는 것을 놓치지 않고 말입니다. 히브리서 기자가 언급한 것처럼 수없이 많은 믿음의 선배들이 그렇게 살았습니다.

¹이러므로 우리에게 구름 같이 둘러싼 허다한 증인들이 있으니 모든 무거운 것과 얽매이기 쉬운 죄를 벗어 버리고 인내로써 우리 앞에 당한 경주를 하며 ²믿음의 주요 또 온전하게 하시는 이인 예수를 바라보자 … _히 12:1-2

예수께 시선을 고정하고 주님의 삶을 본 받아 걸어가는 것이 온전한 제자가 되는 길이고 우리는 예수를 닮아갈 것입니다. 그리고 어느 날 바울이 자랑스럽게 말한 것을 우리도 말하게 될 것입니다.

내가 그리스도를 본받는 자 된 것 같이 너희는 나를 본받으라

_고전 11:1

시선의 문제입니다. 비록 우리가 이 세상을 살지만 세상이 말하는 성공주의적이고 번영주의적 세계관을 바라볼 필요는 없습니다. 오로지 예수 그리스도의 삶을 기준삼고 다른 모든 것을 해로운 것, 배설물로 여기며 걸어가면 됩니다. 제자들의 모습처럼 오랜 시간이 걸리겠지만, 주님께서 성령을 통하여 도와주실 것입니다. 그러므로 시선을 주 예수 그리스도께 고정하고 살아야 합니다.

오늘 하루 종일 십자가를 손에 쥐고 다녀보십시오. 하루를 살다가 순간 순간마다 십자가를 쥐고 마음으로 주를 쳐다보십시오. 육체가, 세상의 욕망이 솟구쳐오를 때에도, 불이익과 억울함 그리고 분노가 터져 나올 때에도 슬그머니 하늘을 향해 고개를 들고 예수를 생각해 보십시오.

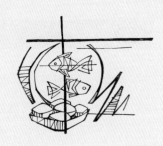

죽다,
사라지는 것의
문제

¹⁰의를 위하여 박해를 받은 자는 복이 있나니 천국이 그들의 것임이라 ¹¹나로 말미암아 너희를 욕하고 박해하고 거짓으로 너희를 거슬러 모든 악한 말을 할 때에는 너희에게 복이 있나니 ¹²기뻐하고 즐거워하라 하늘에서 너희의 상이 큼이라 너희 전에 있던 선지자들도 이같이 박해하였느니라 ¹³너희는 세상의 소금이니 소금이 만일 그 맛을 잃으면 무엇으로 짜게 하리요 후에는 아무 쓸데 없어 다만 밖에 버려져 사람에게 밟힐 뿐이니라_마 5:10-13 (더 읽기, 막 9:48-50)

소금 묵상

⁶그는 근본 하나님의 본체시나 하나님과 동등됨을 취할 것으로 여기지 아니하시고 ⁷오히려 자기를 비워 종의 형체를 가지사 사람들과 같이 되셨고 ⁸사람의 모양으로 나타나사 자기를 낮추시고 죽기까지 복종하셨으니 곧 십자가에 죽으심이라 _빌 2:6-8

자기를 비우시고 사람이 되셨습니다. 그것도 자신을 낮추셔서 종으로 오셨습니다. 그것이 끝이 아니라 우리 모두를 대속하시기 위해서 십자가에서 죽으심으로 완성하셨습니다. '비우시고 낮추시며 죽으셨다.' 주님께서 하신 구속 사역의 내용입니다.

그동안 우리가 비우고 낮추는 삶의 방법에 대하여 살폈지만, 이제는 예수 그리스도께서 보여주신 죽으심에 대한 묵상을 하기 원합니다.

묵상 퍼포먼스

약간의 소금을 준비하되, 가능하면 사각형의 모습이 보이는 굵은 소금이 좋습니다.

마태복음을 보면 주님이 산상수훈 중 팔복에 대해 말씀하셨는데 여덟 번째 복은 10절에 기록된 "의를 위하여 박해를 받은 자는 복이 있다"라는 말씀이었고, 11절과 12절에서는 의를 위해 박해 받는 것의 아름다움을 설명하셨습니다.

> [10]의를 위하여 박해를 받은 자는 복이 있나니 천국이 그들의 것임이라 [12]기뻐하고 즐거워하라 하늘에서 너희의 상이 큼이라 너희 전에 있던 선지자들도 이같이 박해하였느니라 _마 5:10,12

이같은 삶이 바로 예수 그리스도의 삶이었습니다. 우리를 위해 고통당하시고 박해받으시고 결국 십자가에서 죽으신 예수님의 삶 자체였고, 죽으심이 박해의 끝이었습니다. 이처럼 사람이 되신 자기 '비우심'과 온전히 사람으로 사신 '낮추심'은 '죽으심'으로 그 모든 것이 사실임이 증명되었습니다. 이처럼 예수 그리스도의 '케노시스', 곧 비우심의 핵심은 '죽는 데' 있었습니다. 죽으심으로 우리에게 생명을 주신 것입니다. 이런 관점에서 주님이 이어서 꺼내신 '소금' 비유가 중요합니다.

너희는 세상의 소금이니 _마 5:13

묵상 퍼포먼스

"너희는 세상의 소금이니"를 읽는 순간 입 안에 약간의 소금을 집어넣습니다. 그리고 다음의 글을 읽습니다. 입 안의 소금은 그 맛을 느끼며 천천히 녹도록 자연스럽게 두시면 됩니다.

입 안에서 맛을 느낄 수 있는 것처럼, 소금의 맛은 소금이 녹기 시작하면서 내기 시작합니다. 소금은 사라짐으로써 소금이 드러납니다. 즉 소금이 온전해지려면 녹아야 합니다. 죽어야 하는 것입니다. 아무리 근사한 꽃소금이라 해도 모양이 없어져야 합니다. 그것이 예수가 하신 일이었습니다.

⁷오히려 자기를 비워 종의)형체를 가지사 사람들과 같이 되셨고 ⁸사람의 모양으로 나타나사 자기를 낮추시고 죽기까지 복종하셨으니 곧 십자가에 죽으심이라 ⁹이러므로 하나님이 그를 지극히 높여 모든 이름 위에 뛰어난 이름을 주사 ¹¹모든 입으로 예수 그리스도를 주라 시인하여 하나님 아버지께 영광을 돌리게 하셨느니라 _빌 2:7-9,11

그러므로 주님의 소금 비유에서 중요한 것은 "무엇으로 짜게 하리요"(마 5:13)라고 하신 탄식입니다. 알다시피 소금의 목적은 매우 정확하게 맛을 내고 부패를 막는 일을 합니다. 그 역할을 하지 못하면 소금의 존재 이유는 사라집니다. 그래서 주님은 '맛을 잃은 소금'을 걱정하신 것입니다.

소금이 만일 그 맛을 잃으면 무엇으로 짜게 하리요 후에는 아무 쓸데 없어 다만 밖에 버려져 사람에게 밟힐 뿐이니라 _마 5:13

왜 밟히는 것입니까? 소금이 맛을 내지 못하는 이유는 모양을 유지하기 때문이고 녹지 않기 때문입니다. 소금은 녹아야 제 맛입니다. 죽어야 맛을 낼 수 있습니다. 그것이 죽는 것입니다. 그런데 녹지 않으므로 맛을 내지 않으니 버려지고 밟히는 것입니다.

우리가 신앙 훈련을 통하여 우리 자신이 강력한 맛을 담고 있는 소금이 될 수 있습니다. 하지만 이것과 함께 중요한 것은 죽는 것입니다. 맛을 내고 사람과 세상이 썩는 것을 막는 역할을 해야 합니다.

그렇지 않다면, 나 자신이 근사한 소금 덩어리가 되어도 녹아 맛을 내지 않는다면 의미없는 소금이 되는 것입니다. 밟힐 뿐입니다.

마음에 소금을 두고

그런데 우리가 좀 더 묵상할 것은 마가복음의 기록 때문입니다. 마가복음에도 소금 이야기가 나옵니다. 약간 다른 내용이 추가되어 있는데, 지옥에 대한 내용을 언급하다가 나옵니다.

> ⁴⁸거기(43-47절의 말씀을 참조할 때 '지옥'을 말한다)에서는 구더기도 죽지 않고 불도 꺼지지 아니하느니라 ⁴⁹사람마다 불로써 소금 치듯 함을 받으리라 _막 9:48-49

흥미롭게도 주님은 심판의 도구로 소금을 사용하셨습니다. 그러나 주님의 의도는 이같은 심판, 지옥에 대한 것이 아니었습니다. 깨어 있기를 원하신 것이고 정말 당신의 제자답게 살기를 원하신 것입니다. 그것이 목적이었습니다. 드디어 주님이 하고 싶은 소금 이야기를 꺼내셨습니다.

> 소금은 좋은 것이로되 만일 소금이 그 맛을 잃으면 무엇으로 이를 짜게 하리요 너희 속에 소금을 두고(공동번역, 마음에 소금을 간직하고) 서로 화목하라 하시니라 _막 9:50

주님이 소금을 언급하신 이유는 우리가 심판받는 것이 아니라 화해자, 평화의 사람이 되는 것을 말하기 위함이었습니다. 다시 그 부분만 번역하면 이렇습니다.

마음에 소금을 간직하고 서로에게 평화를 나누는 자가 되어라

_하정완 역

소금 묵상에서 중요한 것의 첫 번째가 주님처럼 죽는 것에 대한 이야기라면, 두 번째는 매우 실제적인 것으로서 평화의 사람이 되는 것입니다.

묵상 행동

마음에 소금을 뿌리고 온 몸에 뿌리는 마음으로 조금 집어 종이에 싸서 다니시면서 의도적으로 순간 순간 녹여 먹어보십시오. 그동안 죽지 않고 자신을 주장하던 삶을 회개하는 것과 함께, 싱겁게 살았고 썩는 것을 막지 못했던 자기의 경직된 모습을 회개하는 시간을 가져보십시오.

19일. 수요일
비우심, 낮추심, 그리고 죽으심

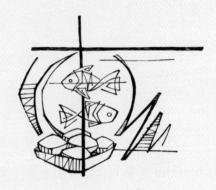

죽다,
죽는 것의 문제

25예수께서 이르시되 나는 부활이요 생명이니 나를 믿는 자는 죽어도 살겠고 26무릇 살아서 나를 믿는 자는 영원히 죽지 아니하리니 이것을 네가 믿느냐 _요 11:25-26 (더 읽기. 고전 15:29-31)

죽는 것이 사는 것

'비우고 낮추고 죽다', 이 메시지가 부담스러울 수 있습니다. 하지만 비우는 것이 채워지는 것이고, 낮추는 것은 높아짐에 이르는 것이고, 같은 견지에서 죽는 것이 사는 것입니다. 그것이 기독교의 메시지입니다.

　사실 모든 종교의 시작은 죽음의 문제에 대한 대답에서 비롯됩니다. 하지만 내세의 천당을 만들어놓는 것 외에는 아무런 대책이 없습니다. 그래서 나온 것이 이 세상에서의 성공과 번영을 강조하는 것입니다. 그것의 왜곡된 이해로 전개될 수 있는 것이 천년왕국 사상인데, 성경을 지나치게 세상적으로 해석할 때 그렇게 전개될 수 있습니다.

그런데 주님은 다른 말씀을 하셨습니다. 죽음이란 죽는 것이 아니고 사는 것이라는 말씀입니다. 물론 조건은 그리스도 안에서 죽는 자여야 합니다.

> 내가 진실로 진실로 너희에게 이르노니 내 말을 듣고 또 나 보내신 이를 믿는 자는 영생을 얻었고 심판에 이르지 아니하나니 사망에서 생명으로 옮겼느니라 _요 5:24

> 25예수께서 이르시되 나는 부활이요 생명이니 나를 믿는 자는 죽어도 살겠고 26무릇 살아서 나를 믿는 자는 영원히 죽지 아니하리니 이것을 네가 믿느냐 _요 11:25-26

"죽는 것이 아니라 영원히 사는 것이다." 이것은 우리 눈에 보이는 이 세상이 삶의 전부가 아니라는 의미를 담고 있습니다. 즉, 이 세상에 묶이지 않고 초월적 삶을 사는 것이기 때문입니다. 그런데 세상만을 강조합니다. 심지어 이 세상에서의 복이 모든 복의 전부라고 강조합니다. 그때 사람들은 비참해집니다.

예수를 죽이려던 이들도 같은 관점에서 볼 수 있습니다. 이 세상을 전부라고 생각한 것입니다. 죽이면 끝난다고 생각했습니다. 만약 그랬다면 예수 역시 불쌍한 자일 것입니다. 그런데 이 세상이 전부가 아니라는 점입니다. 바울이 그것을 지적했습니다.

> 만일 그리스도 안에서 우리가 바라는 것이 다만 이 세상의 삶뿐이면 모든 사람 가운데 우리가 더욱 불쌍한 자이리라 _고전 15:19

그래서 바울은 이런 고백을 합니다.

> 형제들아 내가 그리스도 예수 우리 주 안에서 가진 바 너희에 대한 나의 자랑을 두고 단언하노니 나는 날마다 죽노라 _고전 15:31

"날마다 죽는다." 이 세상이 전부가 아니라는 고백입니다. 자신이 이 세상에 연연하고 타협하고 아부하는 모든 것, 이 세상에 예속되어 있는 것으로부터 이탈한다는 뜻입니다. 사실 모든 죄와 삶의 문제는 이 세상을 사랑하는데서 비롯되는 것입니다. 요한은 그것을 알고 있어서 다음과 같이 권면했습니다.

> 이 세상이나 세상에 있는 것들을 사랑하지 말라 누구든지 세상을 사랑하면 아버지의 사랑이 그 안에 있지 아니하니 이는 세상에 있는 모든 것이 육신의 정욕과 안목의 정욕과 이생의 자랑이니 다 아버지께로부터 온 것이 아니요 세상으로부터 온 것이라 _요일 2:15-16

죽음 연습

이미 같은 내용의 말씀을 자기를 부인하라는 제자도 명령에서 말씀
하셨습니다. 그리고 자기를 부인한다는 것은 이 세상을 향하고 연
연하는 자기 연민과 자기주장에 사로잡히지 말라는 뜻이었습니다.

> 아무든지 나를 따라오려거든 자기를 부인하고 날마다 제 십자가를
> 지고 나를 따를 것이니라 _눅 9:23

일종의 죽음 연습입니다. 이 세상에 기대어, 이 세상을 누리고 싶
은 인간적인 욕망을 내려놓는 연습을 말합니다. 바울은 그같은 매일
죽는 삶을 기쁘게 여겼습니다. 비로소 이 세상을 넘어 저 세상을 사
는 존재, 이 세상에 연연하거나 세상에 자신을 빼앗기지 않고 하나
님의 의를 좇아 사는 존재가 되기 때문이었습니다. 이것이 하나님
나라를 사는 것이었습니다.

묵상 퍼포먼스

잠시 모든 것을 멈추고 자신이 죽었다고 생각합니다. 그때 우리는
모든 것을 버리고 가야 할 것입니다. 그것들이 무엇인지 생각하면서
하나씩 적어보십시오.

크리스천은 매일 주님 안에서 죽는 사람들입니다. 동시에 하나님 나라를 고대하며 사는 사람입니다. 그 순간 진정한 생명이 주어질 것입니다. 육체의 생명이 끝날지라도 이 땅에서의 죽음이 끝이 아니기 때문입니다. 죽는 것을 두려워하지 말아야 합니다. 그리스도께서 십자가 죽음으로 나아간 것 역시 당연히 죽음이 끝이 아니셨기 때문입니다.

죽음에 고통과 환난이 없다는 이야기는 아닙니다. 하지만 주님의 죽음과 우리의 죽음은 다릅니다. 많은 크리스천들이 순교하였지만, 오늘 우리에게 죽음은 직접 고통 받으며 죽는 것이 아닙니다. 반면에 그리스도의 죽음은 고통을 완전히 느끼면서 죽는 죽음이셨습니다. 죽음의 차이입니다.

물론 순교자들의 죽음 역시 예수의 죽음과 비교할 수 없습니다. 스데반의 경우에서 보듯이 그들은 혼자 죽지 않았습니다. 거기에 주님이 함께 계셨습니다.

예수께서 하나님 우편에 서신 것을 보고 _행 7:55

그러나 예수님의 죽음은 완전히 고독한 죽음이었고 버림받은 죽음이었습니다. 하나님은 그를 버리셨습니다.

나의 하나님, 나의 하나님, 어찌하여 나를 버리셨나이까 _마 27:46

우리가 이 세상을 사는 동안 주를 위해 죽는 죽음은 거의 불가능하며, 설령 순교하더라도 예수 그리스도와 천군 천사가 우리를 도우시고 힘을 주십니다. 그러나 우리는 죽어야 합니다. 매일 죽는 것이 우리가 매일 다시 부활하는 길이기 때문입니다.

묵상 행동

죽었을 때 시체는 아무 것도 할 수 없습니다. 그러므로 우리가 죽는다는 것은 아무 것도 할 수 없는 완벽한 의존을 의미합니다. 죽음으로 살아보십시오. 완전히 성령의 음성에 귀를 기울이며 그분이 이끄시는 대로 살아보십시오.

20일. 목요일

비우심, 낮추심, 그리고 죽으심

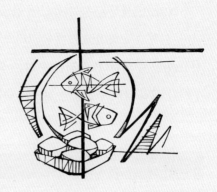

죽다,
밥으로 오신
예수

²⁶그들이 먹을 때에 예수께서 떡을 가지사 축복하시고 떼어 제자들에게 주시며 이르시되 받아서 먹으라 이것은 내 몸이니라 하시고 ²⁷또 잔을 가지사 감사 기도 하시고 그들에게 주시며 이르시되 너희가 다 이것을 마시라 ²⁸이것은 죄 사함을 얻게 하려고 많은 사람을 위하여 흘리는 바 나의 피 곧 언약의 피니라 _마 26:26-28

우리의 죄 때문에

그리스도께서도 단번에 죄를 위하여 죽으사 의인으로서 불의한 자를 대신하셨으니 이는 우리를 하나님 앞으로 인도하려 하심이라

_벧전 3:18

'우리를 위해 그리스도께서 단번에 죄를 위하여 죽으셨다!' 주님

의 고난과 죽으심을 묵상하면서 새삼스럽지만 다시 확인하고 품고 가야 할 질문입니다. 왜 주님은 고난 받으시고 죽으셔야 했습니까? 이사야 선지자는 매우 명확하게 다음과 같이 그 이유를 예언하였습니다.

> 우리는 다 양 같아서 그릇 행하여 각기 제 길로 갔거늘 여호와께서는 우리 모두의 죄악을 그에게 담당시키셨도다 _사 53:6

'우리 모두의 죄악'은 낭만적인 죄가 아니었습니다. 심지어 단순히 죽는 것만 가지고도 충분치 않은 죄의 크기였습니다. 주님이 저주 받아 죽으신 이유입니다.

> 그리스도께서 우리를 위하여 저주를 받은 바 되사 율법의 저주에서 우리를 속량하셨으니 _갈 3:13

생각해보십시오. 예수님이 오실 때 엄청나게 참혹한 죄악이 세상에서 벌어졌습니다. 헤롯의 대살육입니다. 동방박사들이 예수의 탄생을 헤롯에게 알리지 않고 천사들의 지시를 따라 자신의 고향으로 돌아가자 헤롯은 그 지경의 2살 아래 모든 어린 아이들을 살육한 것입니다(마 2:16).

이같은 사건은 그때만의 일이 아닙니다. 오늘날까지도 유사하거나 더 진화된 죄악과, 아예 하나님과 원수 된 자들이 세상에 가득해졌습니다. 그러므로 이 모든 죄악을 대신하시기 위해 주님이 죽으신 것입니다. 주님이 받으신 것이 보통 저주와 죽음이 아닌 이유입니다.

> 우리가 원수 되었을 때에 그의 아들의 죽으심으로 말미암아 하나님과 화목하게 되었은즉 화목하게 된 자로서는 더욱 그의 살아나심으로 말미암아 구원을 받을 것이니라 _롬 5:10

> 피흘림이 없은즉 사함이 없느니라 _히 9:22

다른 길은 없습니다. 그러므로 예수의 전 생애는 우리를 위해 죽는 삶이었고 십자가에서 성취하신 것입니다. 우리를 위한 삶이었고 죽음이었습니다. 그런 점에서 보면 예수의 탄생부터 이미 대속의 죽음을 향하고 있었습니다. 우리를 살리는 걸음이셨습니다. 그런 관점에서 예수가 탄생하신 곳이 '떡집'이라는 뜻을 가진 '베들레헴'이란 사실이 이상해보이지 않습니다.

받아서 먹으라

주님은 죽음으로 우리에게 생명을 주시고 우리를 부요하게 하시는 계획을 실행하셨습니다. 언제나 그리스도를 만나면 사람들이 부요해지는 이유입니다. 당신의 모든 것을 버리시고 우리를 부요하게 하셨기 때문입니다.

> 우리 주 예수 그리스도의 은혜를 너희가 알거니와 부요하신 이로서 너희를 위하여 가난하게 되심은 그의 가난함으로 말미암아 너희를 부요하게 하려 하심이라 _고후 8:9

주님은 마지막까지 이 사실을 말씀하셨습니다. 심지어 죽음을 앞두고 하신 유월절 만찬에서 주님은 그 엄청난 사실을 직접 보여주셨습니다.

> 예수께서 떡을 가지사 축복하시고 떼어 제자들에게 주시며 이르시되 받아서 먹으라 이것은 내 몸이니라 _마 26:26

주님이 우리의 밥이 되시겠다고 하신 것입니다. 그렇게 우리를 위해 죽으시겠다는 말씀이었습니다. 주님의 생명은 우리에게 속해 있다는 선언이었습니다.

> 이것은 너희를 위하여 주는 내 몸이라 너희가 이를 행하여 나를 기념하라 _눅 22:19

이때부터 놀라운 일이 벌어졌습니다. 예수를 먹으면, 곧 예수를 믿으면 행복해지는 것입니다. 가난하고 힘들고 핍박과 환난을 당해도 충분히 행복하다고 그 떡을 먹은 자들은 고백하였습니다. 이것이 기독교의 비밀입니다. 이제는 우리 차례입니다. 그 떡을 먹은 자로서 세상의 떡이 되어야 합니다. 그것이 제자의 길입니다.

묵상 행동

예수를 담은 떡이 되어 세상을 먹이는 사람이 되는 것이 제자도입니다. 잊지 마십시오. 그러므로 오늘은 떡이 되어보십시오. 상징적으로 나의 먹을 것, 나의 물질과 지식, 권력과 힘을 아무런 대가 없이 무조건 사랑으로 나눠보십시오.

Part 4

십자가상의 칠언

21일. 금요일
십자가상의 칠언

십자가상의 칠언

아버지 저들을 사하여 주옵소서 자기들이 하는 것을 알지 못함이니이다 _눅 23:34. (더 읽기, 눅 23:43, 요 19:26-27, 막 15:34, 요 19:28, 요 19:30, 눅 23:46, 아래 본문 참조)

1언, "아버지 저들을 사하여 주옵소서 자기들이 하는 것을 알지 못함이니이다"(눅 23:34).

2언, "오늘 네가 나와 함께 낙원에 있으리라"(눅 23:43).

3언, "여자여 보소서 아들이니이다 … 보라 네 어머니라"(요 19:26,27).

4언, "엘리 엘리 라마 사박다니 … 나의 하나님, 나의 하나님, 어찌 하여 나를 버리셨나이까"(막 15:34).

5언, "내가 목마르다 하시니 _요 19:28).

6언, "다 이루었다"(요 19:30).

7언, "아버지 내 영혼을 아버지 손에 부탁하나이다"(눅 23:46).

원수, 죄인 그리고 연약한 자들을 향하여

예수 그리스도, 십자가에 달리신 예수가 이루신 것은 우리 모두를 위한 대속적 제사입니다. 우리를 위해 죽으신 것입니다. 예수 그리스도는 십자가 위에서 죽으시므로 그가 오신 이유를 실현하신 것입니다. 모든 사람의 구원이었습니다.

자세히 살펴보면 주님이 십자가 위에서 말씀하신 일곱 개의 말씀, 즉 칠언(七言) 중에서 첫 번째부터 세 번째까지는 모든 종류의 사람들의 구원에 대한 말씀입니다. 이것을 염두에 뒀는지 잘 알 수는 없지만, 놀랍게도 바울이 그것을 세분화하였습니다. 로마서 5장에 아름답게 기술한 것입니다.

바울은 로마서 5장 6절에서 연약한 자, 8절에서 죄인 그리고 10절에서 원수의 순서로 기록하였지만, 십자가상에서 예수 그리스도는 원수부터 언급하였습니다. 바로 직설적으로 원수를 위한 죽음이었음을 선언합니다.

예수님이 제일 먼저 원수들을 언급한 것은 급하기 때문이었을 것입니다. 원수, 즉 예수 그리스도의 말씀을 듣지 못한 유다는 이미 스스로 목숨을 끊었습니다. 시급했습니다. 주님이 원수를 먼저 언급한 이유일 것입니다. 이것이 십자가상의 첫 번째 말씀입니다.

아버지 저들을 사하여 주옵소서 자기들이 하는 것을 알지 못함이니
이다 하시더라 _눅 23:34

자신을 못 박고 있는 자들, 비아냥거리며 자신을 고소하고 고발하
고 흉계를 꾸민 자들, 바로 원수들이었습니다. 그리고 스스로 유다
처럼 원수가 된 자들을 겨냥하고 있었습니다. 곧 로마서 5장 10절의
사람들, '원수'였습니다. 위의 첫 번째 말씀의 대상이었습니다.

우리가 원수 되었을 때에 그의 아들의 죽으심으로 말미암아 하나님
과 화목하게 되었은즉 화목하게 된 자로서는 더욱 그의 살아나심으
로 말미암아 구원을 받을 것이니라 _롬 5:10

이어 십자가상의 두 번째 말씀에서 언급한 사람은 강도들이었습
니다. 죄인들입니다. 주님의 시선은 죄인들에게 가 있었습니다. 그
중 자신과 같이 십자가에 못 박힌 한 강도에게 구원을 선포하였습
니다.

오늘 네가 나와 함께 낙원에 있으리라 _눅 23:43

로마서 5장 8절에서 언급한 사람들, 즉 죄인들, 우리 모두입니다.

주님을 몰랐던 자들, 그들을 향한 구원이었습니다.

우리가 아직 죄인 되었을 때에 그리스도께서 우리를 위하여 죽으심
으로 하나님께서 우리에 대한 자기의 사랑을 확증하셨느니라 _롬 5:8

그리고 이어서 언급한 세 번째 사람들은 연약한 여자들입니다. 로
마서 5장 6절에서 언급한 '연약한 자들'이었습니다. 예수의 눈에 들
어온 사람들, 그를 사랑하는 여인들이었습니다.

예수의 십자가 곁에는 그 어머니와 이모와 글로바의 아내 마리아와
막달라 마리아가 섰는지라 _요 19:25

연약한 여자들은 아무 것도 할 수 없지만 십자가 아래로 나왔습
니다. 그들이 연약한 존재라는 것을 로마의 군병들도 알고 있었습
니다. 그중의 한 여인, 육신의 어머니 마리아에게 연약한 슬픔이 보
였습니다. 예수는 그 연약한 육신의 어머니를 사랑하는 제자 요한에
게 부탁합니다. 동시에 어머니 마리아의 아들이라고 요한을 소개합
니다.

26자기 어머니께 말씀하시되 여자여 보소서 아들이니이다 하시고
27또 그 제자에게 이르시되 보라 네 어머니라 _요 19:26-27

자기 자신과 사명을 향하여

원수, 죄인 그리고 연약한 이들을 위한 말씀을 하신 후, 예수 그리스도는 자신이 만난 육신의 고통과 사명 사이에서 부르짖었습니다. 그때 네 번째 말씀을 하셨습니다.

> 제구시에 예수께서 크게 소리 지르시되 엘리 엘리 라마 사박다니 하시니 이를 번역하면 나의 하나님, 나의 하나님 어찌하여 나를 버리셨나이까 하는 뜻이라 _막 15:34

원수와 죄인 그리고 연약한 이들을 포함하여 모든 이들을 살리시지만 자신은 구원하지 않으셨습니다. 완전한 버리심을 경험하는 순간, 동시에 완전한 경주의 끝에 이른 예수께서 외치신 다섯 번째 말씀은 "내가 목마르다"(요 19:28)였고, 이어서 모든 것을 이루신 것을 아셨습니다.

> 다 이루었다 _요 19:30

그 순간 모든 것이 회복되었습니다. "하나님"이라고 외치던 예수께서 다시 "아버지"라고 부르십니다. 회복이었습니다.

> 아버지, 내 영혼을 아버지 손에 부탁하나이다 _눅 23:46

그때 예루살렘 성전 안에 놀라운 일이 벌어졌습니다. 성전 휘장이 위로부터 아래까지 찢어져 둘이 된 것입니다. 이처럼 성소의 휘장이 둘로 찢어졌다는 것은 우리가 감히 접근할 수 없었던 지성소 안의 하나님 앞에 언제든지 예수님을 의지하여 나아갈 수 있는 존재가 되었다는 뜻이었습니다. 주님께서 길이 되신 것입니다.

37예수께서 큰 소리를 지르시고 숨지시니라 38이에 성소 휘장이 위로부터 아래까지 찢어져 둘이 되니라 _막 15:37-38

묵상 행동

십자가상의 칠언을 쪽지에 적으시고 매일 묵상하시기 바랍니다. 일곱 마디에 숨어 있는 비밀을 깊이 생각하시기 바랍니다.

22일. 토요일
십자가상의 칠언

1언,
깨달음이 없다

아버지 저들을 사하여 주옵소서 자기들이 하는 것을 알지 못함이니이다 _눅 23:34

용서를 구하는 근거, 핑계

이것을 행하여 나를 기억하여라 _눅 22:19, 공동번역

주님은 십자가에 못 박히심으로 스스로 모든 사람들이 먹을 떡과 포도주가 되셨습니다. 그러므로 십자가에서 하신 일곱 마디를 묵상하여 그 말씀의 뜻을 기억하고 지키는 것으로 우리 역시 떡이 되길

원합니다. 기억해야 할 첫 번째 말씀입니다.

> 아버지 저들을 사하여 주옵소서 자기들이 하는 것을 알지 못함이니
> 이다 _눅 23:34

십자가에 달리신 예수 그리스도의 첫 말씀은 '용서'였습니다. 당연히 용서의 대상은 자신을 십자가에 못 박는 이들을 포함하여 대제사장과 바리새인 그리고 로마의 실행자들과 오늘 우리까지 모두 다입니다. 그런데 더 기막힌 것은 그 용서를 하나님께 구하는 근거입니다.

> 자기들이 하는 것을 알지 못함이니이다 _눅 23:34

정말로 그들은 자신들이 하는 것을 알지 못했습니까? 멀리 갈 것도 없습니다. 베드로가 예수를 부인하고 저주한 이유는 모르기 때문이었습니까? 가룟 유다가 예수를 판 것도, 다른 제자들이 벌거벗은 채로 도망간 것도 모르기 때문이었습니까? 절대로 아닙니다. 오늘 우리 역시 죄를 범하는 것도 모르기 때문이 아닙니다.

그렇다면 왜 주님은 이런 표현을 쓰신 것입니까? 우리를 용서하시려고 작정하신 것입니다. 그래서 가능한 모든 핑계를 다 대신 것입니다. 우리를 용서하시려고 말입니다. 아들의 잘못을 보면서 "철이 없어서 그렇다"고 말하는 우리 어머니들처럼 말입니다.

하지만 주님의 말씀이 옳습니다. "자기들이 하는 것을 알지 못한다." 단순히 지식의 부재, 곧 자신들의 죄를 모른다는 것을 말하는 것이 아닙니다. 깨달음의 부재를 말씀하고 계신 것입니다. 이사야 선지자가 이렇게 말했습니다.

우리는 다 양 같아서 그릇 행하여 각기 제 길로 갔거늘 여호와께서는 우리 모두의 죄악을 그에게 담당시키셨도다 _사 53:6

모르기 때문, 무지

'제 길로 갔다.' 이것을 사사기의 표현대로 하면 "자기 소견에 옳은 대로"(삿 17:6) 행한 것입니다. '자기 소견', 말은 멋있어 보이지만 공동번역은 '제멋대로'라고 번역했습니다. 제 멋대로 살고, 제 멋대로 믿는 것입니다.

최근에 초등학교 3학년 아이가 아버지 차를 몰고 나와 4킬로미터를 주행하면서 자동차 7대를 들이받는 사고를 낸 일이 있습니다. 이런 사고는 처음이 아닙니다. 2018년 여름에도 대전에서 초등학교 3학년 아이가 엄마 차를 몰고 나와 차량 10대를 들이받은 사고가 있었는데, 인터넷 게임에서 운전을 배웠고 그대로 했다는 말을 했습니다. 그런데 경찰 진술에서 그 아이는 게임과 현실을 혼동해 "게임처럼 사람을 다 죽이고도 다시 새롭게 시작할 수 있다고 생각했다"고 진술했습니다. 이같은 현상을 리셋 증후군이라고 하는데 '리셋 버튼만 누르면 처음부터 다시 시작할 수 있는 것처럼, 현실 세계에서도 리셋이 가능하다고 착각하는 현상'을 말합니다.

종말의 현상이 무엇입니까? 자신에게 주입된 대로 자신의 체계를 만들고 그 동조하는 세력 혹은 세상이 마치 진실처럼 완전히 형성된 것을 말할 것입니다. 로마의 '팍스 로마나' 세상처럼 말입니다.

알지 못하거나 잘못된 정보로 알고 있는데도 그것이 옳다고 생각하고 행동하는 세상은 종말에 이른 것입니다. 대표적인 현상이 이단과 금송아지 하나님이 등장하고, 가짜가 스스로 메시야 혹은 미륵이라고 주장하며 등장하는 것입니다. 우리에게 다른 의미에서 리셋이 필요한 이유입니다. 바울이 그것을 강조하였습니다.

> 너희는 이 세대를 본받지 말고 오직 마음을 새롭게 함으로 변화를 받아 하나님의 선하시고 기뻐하시고 온전하신 뜻이 무엇인지 분별하도록 하라 _롬 12:2

변화의 시작, 리셋

"이 세상을 본받지 말고"(공동번역) "오직 마음을 새롭게 함으로 변화를 받아"를 NIV 성경이 "be transformed by the renewing of your mind", 즉 'renew'로 번역했지만 그 뜻은 reset, reform을 말합니다. 그같은 일은 오로지 하나님의 성령이, 말씀이 우리 안에 들어오므로 우리가 변화되는 것인 까닭에, 우리는 매일 말씀으로 '리

필'(refill)되어야 합니다. 이를 위해 우리가 잘 받아들일 수 있도록 내면의 찌꺼기들을 제거하는 자기 부인의 연습이 필요한 것이고 말입니다.

오순절 역사 후 어느 날 사람들이 예루살렘 거리에서 베드로의 설교를 듣고 "우리가 어찌할꼬"(행 2:37)라고 외쳤습니다. 이 고백은 그들이 알고 있던 것이 잘못되었다는 것을 알았기에 나온 것입니다. 그때 베드로가 이렇게 말합니다.

베드로가 이르되 너희가 회개하여 각각 예수 그리스도의 이름으로 세례를 받고 죄 사함을 받으라 그리하면 성령의 선물을 받으리니

_행 2:38

'회개하여'가 바로 'renew' 'reset'하라는 말입니다. 세례로 모든 사람에게 자신이 크리스천임을 드러내어 확증(confirm)하고 '죄사함' 곧 예수 그리스도를 통한 구속의 은총을 받는 것입니다. 회개 없이, 공개적인 고백 없이 은혜를 함부로 받아들이지 말라고 한 것입니다. 우리가 받을 구원의 은혜는 상상할 수 없는 가치가 있기 때문입니다. 그때 우리가 '성령의 선물'을 받을 것입니다. 그런데 이 말씀의 한글 번역은 한글로 처음 번역된 개역한글성경의 '성령을 선물로'가 더 적절합니다. 거의 모든 한글 번역본들은(공동번역, 새번역, 쉬운성경) 이같이 번역했습니다. 성령께서 우리 안에 내주하신다는 뜻입니다. 무슨 성령의 은사들을 말하는 것이 아니라 말입니다.

변화의 주도자, 성령님

믿음은 우리가 믿는 것처럼 보이지만 사실은 우리가 믿는 것이 아닙니다. 믿음의 원형은 죄를 회개하는 것이고, 그로 인해 성령의 임재로 믿게 되는 것입니다.

> 하나님의 영으로 말하는 자는 누구든지 예수를 저주할 자라 하지 아니하고 또 성령으로 아니하고는 누구든지 예수를 주시라 할 수 없느니라 _고전 12:3

이를 위해 하나님이 먼저 시작하셨습니다. 이사야서 말씀을 다시 읽어보면 알겠지만, 알지 못하는 우리를 위해 우리가 지은 모든 죄를 어린 양 예수께 다 담당시키신 것입니다.

> 우리는 다 양 같아서 그릇 행하여 각기 제 길로 갔거늘 여호와께서는 우리 모두의 죄악을 그에게 담당시키셨도다 _사 53:6

우리에게 남은 것은 빨리 이 사실을 아는 것입니다. 깨닫는 것입니다. 그러므로 주님께서 하신 십자가상의 말씀은 다른 말로 하면 '기다리시겠다'는 뜻입니다. 우리가 철이 들어 깨달을 때까지 기다리시겠다는 말씀입니다.

묵상 행동

주님을 너무 오래 기다리게 하지 마십시오. 가능한 빨리 주님께 돌아
오십시오. 그분의 용서를 받아들이고 다르게 살기를 시도하십시오.

23일. 월요일
십자가상의 칠언

2언,
기다리고
계셨다

오늘 네가 나와 함께 낙원에 있으리라 _눅 23:43

구원받지 못한 강도

아버지 저들을 사하여 주옵소서 자기들이 하는 것을 알지 못함이니
이다 하시더라 _눅 23:34

주님이 하신 이 기막힌 말씀을 듣던 자들 중에, 가장 가까이서 들
었던 이들은 바로 다른 십자가에 달려 있던 강도들이었습니다. 처음

매달렸을 때 강도 둘 다 주님께 적대적이었습니다. 대제사장들과 서기관들, 장로들이 예수를 희롱할 때 그들도 같이 욕하였습니다.

> 함께 십자가에 못 박힌 강도들도 이와 같이 욕하더라 _마 27:44

왜 강도들이 욕하였습니까? 그 십자가를 둘러싼 사람들의 비아냥거림에 답이 있습니다.

> 백성은 서서 구경하는데 관리들은 비웃어 이르되 저가 남을 구원하였으니 만일 하나님이 택하신 자 그리스도이면 자신도 구원할지어다 _눅 23:35

강도들도 그 비아냥거림에 참여합니다. 화가 난 것입니다. 예수가 그들에게 쓸데없는 희망을 줬기 때문입니다. 구원할 수 없는 자가 구원을 선포하였기 때문입니다. 자신도 구원할 수 없는 자였던 것입니다. 본문에는 한 강도가 외친 것으로 나오지만, 처음 욕할 때는 둘 다 같이 욕했을 것으로 보입니다. 바로 이 말입니다.

> 달린 행악자 중 하나는 비방하여 이르되 네가 그리스도가 아니냐 너와 우리를 구원하라 _눅 23:39

분명 예수는 그리스도이신데 자신을 구원하지 않습니다. 아니, 구원할 수 없었습니다. 예수는 우리 모든 사람들의 죄를 대신 짊어지셨기 때문입니다. 또한 불경스러운 표현처럼 들릴 수 있지만, 예수가 구원하지 않은 이가 또 있습니다. 바로 예수를 비아냥거리고 있는 바로 그 강도입니다. 그 강도는 그곳에서 구원받지 못하고 죽었습니다.

분명히 주님은 죄인을 구하러 오셨지만, 자신을 의인이라 생각하는 죄인과 자기 죄를 시인하지 않는 죄인까지 자동적으로 이뤄지는 구원사역을 하신 것은 아닙니다. "구원은 자동이 아닙니다."

예수 그리스도께서 십자가에서 대속의 죽음에 이르시므로 우리들의 모든 죄는 용서 받을 가능성으로 개방되었습니다. 하지만 구원이 이뤄진 것은 아닙니다. 구원의 조건은 죄를 시인하고 예수를 믿는 것입니다. 그때 주님이 대신 지신 죄의 용서를 누릴 수 있습니다.

네가 만일 네 입으로 예수를 주로 시인하며 또 하나님께서 그를 죽은 자 가운데서 살리신 것을 네 마음에 믿으면 구원을 받으리라 _롬 10:9

구원받은 강도

여기서 주의할 사람은 다른 강도입니다. 처음에는 그도 예수를 같이 욕했습니다. 하지만 그가 다른 태도를 취합니다. 어쩌면 주님의 첫 번째 말씀을 들으면서 깨달은 것인지도 모르겠습니다. 그는 자신의 죄를 시인하였습니다. 주님을 인정한 것입니다. 생각을 바꾼 것입니다.

> ⁴⁰하나는 그 사람을 꾸짖어 이르되 네가 동일한 정죄를 받고서도 하나님을 두려워하지 아니하느냐 ⁴¹우리는 우리가 행한 일에 상당한 보응을 받는 것이니 이에 당연하거니와 이 사람이 행한 것은 옳지 않은 것이 없느니라 _눅 23:40-41

어떤 깨달음이 온 것입니다. 주님의 첫 번째 말씀과 연결되지 않고서는 설명되지 않는 깨달음이었을 것입니다. 그것은 예수님이 자신을 구원하지 않은 것이 우리를 구원하기 위한 것이라는 깨달음이었습니다. "저들을 사하여 주옵소서"라고 탄원하는 모습에서 강도가 깨달은 것입니다.

더욱이 주님이 말씀하신 '저들' 중에 자신이 포함되었다는 생각이 든 것입니다. "자기들이 하는 것을 알지 못함이니이다"(눅 23:34)라는 말씀은 "몰라서 그랬다"는 말이었습니다. 강도가 자신의 죄를 몰라서 그랬다는 예수님의 말씀은 말이 되지 않았습니다. 그의 죄는 무의식중에 저지른 것이 아닙니다. 물론 그의 죄와 잘못에는 함부로 정죄할 수 없는 어떤 이유와 살아온 질곡 등 많은 요인이 있을 수 있습니다. 그런데 십자가상의 예수가 이렇게 말한 것입니다. "몰라서 그랬습니다."

기막힌 이야기였습니다. 그 순간 깨달음이 온 것입니다. 설명할 수 없는 환희가 온 것입니다. 그 강도가 말을 바꾼 이유였을 것입니다. 그렇다고 매우 태연하게 자신을 용서해달라고 말할 수는 없었습니다. 그래서 그의 부탁은 매우 숨죽인 희망 사항이었습니다. 용기가 생겼을 뿐입니다.

예수여 당신의 나라에 임하실 때에 나를 기억하소서 _눅 23:42

'용서해달라'는 말을 그냥 할 수는 없었습니다. "몰라서 그랬다"는 말을 듣고 있었지만, 자신은 알고 있었기 때문입니다. 그래서 한 말입니다. "기억하소서." 좀 더 풀어서 쓰면 이런 뜻입니다.

"혹시 생각나시면 기억이라도….."

그래서 기억해달라고 말한 것입니다. 바로 그때였습니다. 주님은 강도의 그 고백을 듣는 순간 기다렸다는 듯이 지체하지 않고 구원을 선포하였습니다. 다른 표현의 말씀이었습니다.

오늘 네가 나와 함께 낙원에 있으리라 _눅 23:43

"기억이라도 해달라"고 말하는 강도에게 예수님은 '동행'을 요청하신 것입니다. 그것만이 아니었습니다. 어쩌면 두려움과 스스로 뻔뻔한 느낌을 갖고 있을지도 모르는 강도에게 주님은 "나와 함께"라는 말로 그의 두려움을 없앴습니다. 엄청난 죄인인 까닭에 주님의 초청에도 의심할지도 모를 그를 위해 동행 약속을 한 것입니다. "걱정 말고 같이 가자."

주님은 기다리고 계셨습니다. 당신이 당하시고 계신 십자가의 무게가 견딜 수 없는 것이었지만, 마지막 순간까지 주님은 한 명의 영혼이라도 구하기 원하셨던 것입니다. 예수님의 선포는 그런 간절함의 증거였습니다.

묵상 행동

죄를 시인하고 고백하십시오. 그리고 주님의 초청에 응하십시오. 주님과 함께 하십시오. 더 이상 주님을 기다리게 하지 마십시오.

24일. 화요일

십자가상의 칠언

3언,
하나님 됨과
인간 됨

26예수께서 자기의 어머니와 사랑하시는 제자가 곁에 서 있는 것을 보시고 자기 어머니께 말씀하시되 여자여 보소서 아들이니이다 하시고 27 또 그 제자에게 이르시되 보라 네 어머니라 하신대 그 때부터 그 제자가 자기 집에 모시니라 _요 19:26-27

인간적인 고통이 극심하던 순간에 예수님은 어머니의 이름을 크게 부르고 싶었을지도 모릅니다. 그것이 연약함입니다. 하지만 주님은 어머니를 찾지 않으셨습니다. 모든 인간의 마지막 순간에 의지하고 싶은 어머니, 위로의 끈을 끊으신 것입니다.

비록 육신의 어머니지만 예수가 위로받을 존재가 아니라 예수가 위로해야 할 존재였습니다. 그래서 주님은 "여자여"라고 육신의 어머니를 호칭한 것입니다. 이것은 인간적인 위로 없이 모든 것을 받아들이시는 주님의 하나님 됨을 드러내는 것이었습니다. 육신의 어머니지만 어머니에게 기대지 않겠다는 뜻이었습니다. 어머니라 부를 수 없는 존재였습니다.

그런데 더 놀라운 것은 네 번째 말씀에서 드러납니다. 주님은 어머니를 부를 수 없었을 뿐 아니라 아버지라는 이름도 부를 수 없었습니다. 예수는 아버지 하나님을 부를 때 아버지라는 호칭을 뺍니다.

나의 하나님 나의 하나님 _마 27:46

그 극심한 고통 가운데서 주님은 "엘리 엘리 라마사박다니", "나의 하나님 나의 하나님 어찌하여 나를 버리셨나이까"라고 외칩니다. 예수께서 '아버지'라 부르지 못하고 '하나님'이라 부르신 것은 완전한 인간 됨을 말하는 것이었습니다. 스스로 하나님의 위치를 내려놓는 겸비였습니다.

"여자여", 그래도 마리아는 육신의 어머니였습니다. 예수는 육신의 어머니 마리아를 그냥 내버려둘 수 없었습니다. 예수의 아름다움입니다.

여자여 보소서 아들이니이다 _요 19:26

예수는 당신의 사랑하시는 제자 요한에게 어머니 마리아를 돌볼

것을 부탁하였습니다.

보라 네 어머니라 _요 19:27

유대 교회사가인 유세비우스에 따르면, 60년경에 사도 요한은 예수의 어머니 마리아를 데리고 예루살렘에서 에베소로 이사해서 산 것으로 알려집니다.

여기서 잊지 말아야 할 역사가 있습니다. 325년 니케아 공의회에서 삼위일체의 중요한 근거가 되는 '하나님과 아들 예수는 동일 본질'이라는 교리가 고백되었는데, 이같은 신앙고백은 318년 아리우스가 주장한 그리스도의 성부 종속론 때문이었습니다.

사실 313년에 기독교가 로마의 국교로 공인받지만, 혼란스러운 시기였습니다. 특히 영지주의와 플라톤의 이원론이 강력한 영향을 끼치던 시절에 아리우스는 예수 그리스도를 하나님이 아니라 하나님과 인간의 중재자인 로고스로 이해하였고, 무엇보다 그리스도 역시 하나님이 창조하신 피조물로 주장한 것입니다. 이것이 니케아 고백이 이뤄졌던 이유입니다.

이때 등장한 신학자가 아타나시우스였는데, 그가 성부와 성자가 동일 본질(호모우시오스)이라 고백하였습니다. 그리고 362년 알렉산드리아 공의회에서 갑바도기아 학자들의 반대에 직면하기도 하지만, 오히려 성부 성자 성령이 동일 본질이 됨을 고백하는 계기가 되었습니다. 그리고 381년 콘스탄티노플 공의회에서 삼위일체 교리가 확정되고, 451년 칼케돈 공의회에서 예수의 신성과 인성이 "혼합되지 않고(without Confusion), 변화되지 않고(without Change), 분할되지 않고(without Division), 분리되지 않고(without Seperation)한 위격 안에 연합됐다"고 선언하였습니다.

하지만 431년 열린 에베소 공의회에서 많은 논쟁이 있었는데, 네스토리우스는 마리아에게 '그리스도를 낳으신 이'란 뜻의 '크리스토토코스'란 명칭을 붙이자고 주장합니다. 그때까지 분위기는 공공연히 마리아가 '하나님을 낳으신 분'으로 불리고 있었습니다. 안디옥학파의 콘스탄티노플 대주교 네스토리우스와 알렉산드리아 학파의 알렉산드리아 대주교 키릴 사이에 이같은 논쟁이 충돌한 것입니다. 하지만 성모마리아 기념교회에서 열린 에베소공의회는 네스토리우스를 출교시키고, 마리아에게 '하나님을 낳은 어머니'라는 뜻의 '테오토코스'(Theotokos)라는 존칭을 하기로 결의했습니다. 에베소의 성모마리아 기념교회에서 일어난 일이었습니다.

키릴이 에베소에서 공의회를 연 것은 매우 의도적이었습니다. 사도행전에서 본 것처럼 에베소에는 거대한 아데미 여신상이 있었고, 에베소 인근 도시의 사람들은 어머니 여신으로서 아데미를 흠모하고 있었습니다. 그같은 분위기를 키릴이 이용한 측면도 있었습니다. 하지만 주님이 부르신 것처럼 마리아는 연약한 '여자'에 불과했습니다. 그런데 그들이 마리아를 하나님과 같은 위치로 올려놓은 것입니다. 마리아 숭배가 시작되는 순간이었습니다. 단 한 순간도 예수 그리스도께서는 어머니 마리아를 신적인 위치에 올려놓은 적이 없었는데 말입니다. "여자여"라는 호칭이 그것을 증명합니다.

 묵상 행동

주님은 마지막까지 육신의 어머니를 염려하였습니다. 인간으로서
할 수 있는 효를 마지막까지 실천한 것입니다. 우리가 잊지 말아야
할 부분입니다. 부모를 향한 나의 태도는 어떻다고 생각하십니까?

4언, 하나님의 외면, 완전한 대속

제구시에 예수께서 크게 소리 지르시되 엘리 엘리 라마 사박다니 하시니 이를 번역하면 나의 하나님, 나의 하나님 어찌하여 나를 버리셨나이까 하는 뜻이라 _막 15:34

하나님의 외면

십자가에 달린 강도들만 아니라 지나가던 이들조차 "네가 너를 구원하여 십자가에서 내려오라"(막 15:30)고 말하며 조롱하고 "대제사장들과 서기관들"(막 15:31) 역시 예수를 희롱하며 이렇게 말하였습니다.

그가 남은 구원하였으되 자기는 구원할 수 없도다 _막 15:31

완벽한 무능입니다. 하지만 주님이 스스로 선택한 것이었습니다. 하나님이신 예수께서 자신을 구원하는 것을 거절하신 것입니다. 그런데 하나님 역시 마찬가지였습니다. 예수님은 자신을 구원하는 것을 거절하셨지만, 하나님께서도 예수를 완전히 버리셨습니다. 그것을 주님은 십자가에 못 박혀 극심한 고통을 받으시면서 느끼십니다. 하나님의 외면, 하나님의 폐기였습니다.

예수께서 크게 소리 질러 이르시되 엘리 엘리 라마 사박다니 하시니 이는 곧 나의 하나님, 나의 하나님, 어찌하여 나를 버리셨나이까 하는 뜻이라 _마 27:46

예수가 하나님을 '아버지'라 부르지 못하고 그저 '하나님'이라 부르고 있어도, 하나님은 예수 그리스도를 알고 계셨습니다. 아버지로서 하나님은 아들로서 예수의 고통을 압니다. 고통당하는 아들의 소리를 듣는 것, 자식을 갖고 있는 부모들은 알 것입니다. 고통당하는 자식보다 아버지와 어머니가 더 아프다는 사실 말입니다. 그런 점에서 이미 아버지 하나님은 고통당하고 계셨고, 몰트만이 말한 것처럼 하나님이 십자가 위에 달리신 것입니다. 더 깊은 아픔의 참여였습니다.

아버지 하나님이 아들 예수를 버리시다니? 더욱이 누구도 버리신 적이 없으신 하나님께서 아들 예수를 버리신 것입니다. 오로지 우리 죄 때문이었습니다. 우리의 모든 죄를 대신 짊어지신 예수 그리스도의 대속 때문이었습니다. 그러니까 하나님이 하늘에서 내려다보실 때 예수님의 모습은 마치 문둥병이 하얗게 핀 것처럼 죄 덩어리들로 하얗게 도배된 역사상 가장 추악한 죄인의 모습이었기 때문입니다.

주님의 죽음은 모든 죄에 대한 짊어지심이었습니다. 역사상 가장 악했던 죄인들, 인육을 먹은 지존파부터 시작하여 생체 실험을 자행했던 일본 군국주의, 가스실에서 유대인을 잔인하게 죽였던 나치까지 포함한 모든 죄였기 때문입니다. 그것이 예수의 온 몸에 덕지덕지 붙어 있는 죄의 모습이었을 것입니다. 그래서 하나님은 예수를 버리신 것입니다. 정말로 폐기하신 것입니다. 그 순간 우리들의 죄가 정말로 모두 남김없이 없어졌습니다. 하나님이 철저하게 예수님을 버리셨기 때문입니다.

'버리시다!' 그것을 예수 그리스도가 아셨습니다. 그래서 예수께서 "어찌하여 나를 버리셨나이까"라고 외치신 것입니다. 헬라어로 '엥카텔리페스', '버리다, 유기하다'라는 뜻으로 과거형을 썼습니다. 예수 그리스도가 경험한 것은 이미 버리신 하나님이셨습니다. 아주 가차 없이 하나님이 예수를 버리신 것입니다.

'버리시다!' 바울은 그 정도의 표현으로는 충분하지 못하다고 생각했습니다. 그는 우리를 위해 '저주받은' 분으로 예수를 표현하였습니다.

그리스도께서 우리를 위하여 저주를 받은 바 되사 율법의 저주에서 우리를 속량하셨으니 기록된 바 나무에 달린 자마다 저주 아래에 있

는 자라 하였음이라 _갈 3:13

완전한 대속

'저주 받으시다.' 우리를 구원하시기 위함이었습니다. 놀라운 일이
벌어졌습니다. 대신 저주받으심으로 우리가 죄 없다는 선언을 이끌
어내신 것입니다.

> 우리를 위해서 하나님께서는 죄를 모르시는 그리스도를 죄 있는 분
> 으로 여기셨습니다. 그래서 우리는 그리스도로 말미암아 하나님께
> 로부터 무죄 선언을 받게 되었습니다. _고후 5:21. 공동번역

우리가 정결해진 것입니다. 깨끗해진 것입니다. 하나님께 나아갈
수 있게 되었습니다. 예수 그리스도가 성소의 휘장을 찢었다는 의미
에서 하나님께 나갈 수 있게 되었다라고 말할 수도 있지만, 예수 그
리스도가 우리 모든 죄를 지시고 대신 저주받으심으로 우리가 완전
히 깨끗해졌다는 의미이기도 합니다. 하나님께로 나아가는 데 아무
런 지장이 없다는 뜻입니다. 담대하게 나갈 수 있게 된 것입니다.

> [12]오직 그리스도는 죄를 위하여 한 영원한 제사를 드리시고 [14]··· 한
> 번의 제사로 영원히 온전하게 하셨느니라 ··· [17]또 그들의 죄와 그들
> 의 불법을 내가 다시 기억하지 아니하리라 하셨으니 [18]이것들을 사

하셨은즉 다시 죄를 위하여 제사 드릴 것이 없느니라 소망을 굳게 잡으라 ¹⁹그러므로 형제들아 우리가 예수의 피를 힘입어 성소에 들어갈 담력을 얻었나니 ²⁰그 길은 우리를 위하여 휘장 가운데로 열어 놓으신 새로운 살 길이요 휘장은 곧 그의 육체니라 _히 10:12,14,17-20

이것을 위해서였습니다. 어느 누구도 버리실 수 없고, 아니 누구도 버리지 않으시는 하나님이 예수님을 버리셨다는 것은 바로 우리가 더 귀하기 때문임을 증명하는 것이었습니다. 우리를 살릴 수만 있다면 하나님 자신까지라도 포기하신 것입니다. 이 엄청난 사실을 깨달은 바울이 이렇게 선포하였습니다.

³¹… 만일 하나님이 우리를 위하시면 누가 우리를 대적하리요 ³²자기 아들을 아끼지 아니하시고 우리 모든 사람을 위하여 내주신 이가 어찌 그 아들과 함께 모든 것을 우리에게 주시지 아니하겠느냐 _롬 8:31-32

간혹 우리는 우리가 쓸모없다고 생각합니다. 그같은 생각은 무지의 극치이고 교만입니다. 우리는 언제나 하나님께 소중하고 고귀한 존재입니다. 이것을 잊어서는 안 됩니다.

우리는 하나님의 마음을 몰라도 너무 모릅니다. 자신을 귀중히 여기고 남은 시간 동안 그분을 위해 사는 길을 택하는 것이 어떻겠습니까?

5언,
얼음냉수가
되어

그 후에 예수께서 모든 일이 이미 이루어진 줄 아
시고 성경을 응하게 하려 하사 이르시되 내가 목
마르다 하시니 _요 19:28

예언의 성취

아버지 저들을 사하여 주옵소서 자기들이 하는 것을 알지 못함이니
이다 하시더라 _눅 23:34

예수는 십자가 위에서 당신이 하신 구속사역을 드러내셨습니다.
이 첫 번째 말씀을 통해 드러낸 것은 자신을 직접 못 박고 있는 모든 원수들을 향한 구원이었습니다. "몰라서 그렇다"고 주님이 변호하셨습니다. 이어 드러내신 것은 죄인을 위한 구속사역이었습니다.

오늘 네가 나와 함께 낙원에 있으리라 _눅 23:43

분명한 죄인인 강도를 향한 구원의 선포였습니다. 현저한 죄인들을 위한 십자가였음을 드러내셨습니다. 마지막으로 연약한 자들이었습니다.

여자여 _요 19:26

누군가의 보호와 위로와 지지가 필요한 사람, 연약한 자 역시 조금도 소홀함 없이 세심하게 구원하신다는 선언이었습니다.

이처럼 매우 분명히 원수, 죄인 그리고 연약한 자들, 모두를 위한 구원사역이 십자가 위에서 진행되고 있음을 보여주셨습니다. 그것은 정확하게 우리의 모든 죄, 원수들의 죄, 죄인들의 죄, 연약한 자들의 죄가 예수 그리스도에게 옮겨지는 것이었습니다. 예수가 우리의 모든 죄를 대신 짊어지신 것입니다. 대속이었습니다. 완전한 죄의 이양이었습니다. 바로 그때 하나님이 그 이양을 인정하셨습니다. 바로 예수의 네 번째 말씀은 그것을 느낀 예수의 외침이었습니다.

나의 하나님, 나의 하나님, 어찌하여 나를 버리셨나이까 _마 27:46

예수 그리스도, 그가 우리의 모든 종류의 죄를 지시는 순간 하나님은 그것을 인정하신 것입니다. 그 죄의 이양이 이루어지는 순간이 예수께서 하나님의 버리심을 경험한 이유입니다. 하나님이 계획하신 구속의 완성이었습니다. 예수께서 그것을 아셨습니다.

> 그 후에 예수께서 모든 일이 이미 이루어진 줄 아시고 _요 19:28

하나님의 구속 계획을 완전히 성취하신 것입니다. 그리고 이어진 것이 다섯 번째 말씀입니다.

> 내가 목마르다 _요 19:28

사소한 예언까지

하나님의 완전한 외면 앞에서 느끼시는 예수님의 갈증으로 보입니다. 그런데 성경이 이상한 각주를 사족처럼 달았습니다.

> 그 후에 예수께서 모든 일이 이미 이루어진 줄 아시고 성경을 응하게 하려 하사 이르시되 내가 목마르다 하시니 _요 19:28

"모든 일이 이미 이루어진 줄 아시고." 당연히 하나님이 세우신 계획을 이루신 것입니다. 예수 그리스도께서 하나님의 계획을 완성하신 것입니다. 그런데 이상한 기록이 있습니다. "성경을 응하게 하려 하사."

그럴 수 있다고 생각할 수는 있지만, 이미 하나님의 구원계획이 성취된 순간에 벌어진 일이기 때문입니다.

내가 목마르다 _요 19:28

예수님의 이 다섯 번째 말씀을 둘러싸고 있는 정황들을 읽어보겠습니다.

²⁸그 후에 예수께서 모든 일이 이미 이루어진 줄 아시고 성경을 응하게 하려 하사 이르시되 내가 목마르다 하시니 ²⁹거기 신 포도주가 가득히 담긴 그릇이 있는지라 사람들이 신 포도주를 적신 해면을 우슬초에 매어 예수의 입에 대니 ³⁰예수께서 신 포도주를 받으신 후에 이르시되 다 이루었다 하시고 머리를 숙이니 영혼이 떠나가시니라

_요 19:28-30

예수께서 응하려 하신 사건의 구약 예언은 시편 69편에 있습니다.

그들이 쓸개를 나의 음식물로 주며 목마를 때에는 초를 마시게 하였사오니 _시 69:21

사실 사소한 것입니다. 더욱이 예수 그리스도는 우리의 모든 죄를 대신 지시고 죽으시는 구속의 행위를 다 이루셨습니다. 구약에 예언된 목마름에 관한 이야기의 성취는 그리 중요한 것이 아닐 수 있습니다. 구속사역의 완성에 비춰보면 목마름의 예언은 사소한 것이었습니다. 그런데 주님은 그것 또한 사소하게 보시지 않으신 것입니다. 놀라운 말씀입니다. 여기서 우리는 매우 중요한 것을 깨닫습니다. 하나님에게는 위대한 것과 사소한 것의 구분이 없으며, 완전이란 위대한 것과 사소한 것의 동일한 성취라는 사실입니다.

얼음냉수

"내가 목마르다"라고 말씀하시는 주님의 말씀은 이상하게 보입니다. 주님은 우리를 영원히 목마르지 않게 하시는 생수이시기 때문입니다.

내가 주는 물을 마시는 자는 영원히 목마르지 아니하리니 내가 주는 물은 그 속에서 영생하도록 솟아나는 샘물이 되리라 _요 4:14

그러니까 우리를 영원히 목마르지 않게 하기 위하여 주님은 스스로 '목마름'을 받아들이신 것입니다. 아름답습니다.

이 말씀에서 이상한 것이 또 있습니다. 십자가상에서 하신 예수님의 일곱 마디 말씀 중 이 말씀만이 우리들에게 하신 말씀으로 적용이 가능하기 때문입니다. 어느 말씀에도 대상을 정하여 '얘들아'를 붙이면 어색한데, 이 말씀만은 자연스럽습니다. "얘들아, 내가 목마르다."

이 말씀을 들으면서 내가 주님께 건네 드릴 시원한 냉수 한 그릇이 되고 싶은 마음이 간절해지는 것이 사실입니다. 그런데 재미있게도 잠언에는 주인을 시원케 하는 '얼음냉수' 이야기가 나옵니다. 그 사람을 '충성된 사자'라고 적었습니다. 흉내내고 싶은 생각이 들었습니다.

충성된 사자는 그를 보낸 이에게 마치 추수하는 날에 얼음냉수 같아서 능히 그 주인의 마음을 시원하게 하느니라 _잠 25:13

되고 싶습니다. 이미 주님으로 시원한 냉수를 마신 우리가 세상의 냉수가 되는 것 말입니다. 그것이 주님에게 시원한 얼음냉수가 되는 것은 말할 필요도 없기 때문입니다.

묵상 행동

세상에게 시원한 냉수 한 그릇이 되면 주님께도 시원한 얼음냉수가 될 것입니다. 세상에 소망을 주는 것이 주님께 얼음냉수를 드리는 것일테니 말입니다. 얼음냉수, 좋지 않습니까?

27일. 금요일
십자가상의 칠언

6언,
하나님께로
가는 길

²⁹거기 신 포도주가 가득히 담긴 그릇이 있는지라 사람들이 신 포도주를 적신 해면을 우슬초에 매어 예수의 입에 대니 ³⁰예수께서 신 포도주를 받으신 후에 이르시되 다 이루었다 하시고 머리를 숙이니 영혼이 떠나가시니라 _요 19:29-30

구속의 완성

다 이루었다 하시고 머리를 숙이니 영혼이 떠나가시니라 _요 19:30

하나님의 외면과 예수 그리스도의 거절, 그것으로 인해 구원사역은 성취되었습니다. 여기서 "다 이루었다"로 번역된 헬라어 '테텔레스타이'는 '완전히 지불되었다'(paid in full)라는 뜻입니다. 우리가 더 이상 어떤 것도 지불하지 않아도 된다는 말입니다. 모든 것이 지불되었다는 것은 구속의 완성을 의미합니다. 그런데 중요한 것은 "다 이루었다"라고 말씀하시기 전에 있었던 주님의 행동입니다.

예수께서 신 포도주를 받으신 후에 이르시되 다 이루었다 하시고 머리를 숙이니 영혼이 떠나가시니라 _요 19:30

"포도주를 받으신 후에." 이미 살핀 것처럼 사소하지만 중요한 성취였습니다. 모든 성경의 기록은 사소한 것이 없었던 것입니다. 주님은 아무리 사소해 보일지라도 성경의 성취를 이루심으로 다 이루신 것입니다. 놀랍게도 사소한 것의 성취가 구원사역의 마지막을 이루신 것이었습니다. 그 순간 놀라운 사건이 벌어졌습니다.

44때가 제육시쯤 되어 해가 빛을 잃고 온 땅에 어둠이 임하여 제구시까지 계속하며 45성소의 휘장이 한가운데가 찢어지더라 _눅 23:44–45

마가복음은 더 세밀하게 기록하였습니다.

37예수께서 큰 소리를 지르시고 숨지시니라 38이에 성소 휘장이 위로부터 아래까지 찢어져 둘이 되니라 _막 15:37–38

성소의 휘장 한 가운데가 찢어졌다는 것은 감히 접근할 수 없었던 지성소 안의 하나님 앞에 우리가 언제든지 예수님을 의지하여 나아갈 수 있는 존재가 되었다는 뜻입니다. 주님이 길이 되신 것입니다. 우리가 하나님께로 나아가는 길 말입니다.

바로 그 길

19그러므로 형제들아 우리가 예수의 피를 힘입어 성소에 들어갈 담력을 얻었나니 20그 길은 우리를 위하여 휘장 가운데로 열어 놓으신 새로운 살 길이요 휘장은 곧 그의 육체니라 _히 10:19-20

주님께서 말씀하셨던 바로 그 길입니다.

예수께서 이르시되 내가 곧 길이요 진리요 생명이니 나로 말미암지 않고는 아버지께로 올 자가 없느니라 _요 14:6

다 이루셨다는 말씀은 하나님께로 가는 '길'이 열린다는 말씀이었습니다. '길'이 열린 것입니다.

다 이루었다 _요 19:30

그것은 우리가 정결해졌다는 선포였습니다. 물론 예수 그리스도 안에서입니다. 바울이 '그리스도 안에서'를 그토록 강조한 이유입니다. 그리스도 안에서 더 이상 우리의 죄는 의미 없기 때문입니다.

> ¹그러므로 이제 그리스도 예수 안에 있는 자에게는 결코 정죄함이 없나니 ²이는 그리스도 예수 안에 있는 생명의 성령의 법이 죄와 사망의 법에서 너를 해방하였음이라 _롬 8:1-2

'그리스도 안에서' 우리는 다른 존재, 살아있는 존재가 된 것입니다.

> 이와같이 여러분도 죄에 대해서는 죽은 사람이지만 하나님을 위해서는 그리스도 예수님 안에서 살아 있다고 여기십시오. _롬 6:11, 현대인의성경

죄에 대하여 죽은 자, 해방된 자, 온전한 하나님의 자녀가 된 것입니다. 이것이 그리스도 안에 있는 우리의 바뀐 신분입니다.

> 그러므로 누구든지 그리스도 안에 있으면 새로운 존재입니다. 옛 사람은 없어지고 새 사람이 된 것입니다. _고후 5:17, 현대인의성경

아름다운 분, 예수이십니다. 우리가 믿는 분이십니다.

그동안 신앙생활을 하면서 하나님께 약속했던 것들을 생각해보십시오. 혹시 입으로만, 혹은 속으로만 생각하고 그냥 지나친 것은 없었는지 돌아보시고, 다시 돌아가 약속을 지키십시오.

28일. 토요일
십자가상의 칠언

7언,
죽을 수 없는
분의 죽음

⁴⁴때가 제육시쯤 되어 해가 빛을 잃고 온 땅에 어둠이 임하여 제구시까지 계속하며 ⁴⁵성소의 휘장이 한가운데가 찢어지더라 ⁴⁶예수께서 큰 소리로 불러 이르시되 아버지 내 영혼을 아버지 손에 부탁하나이다 하고 이 말씀을 하신 후 숨지시니라 _눅 23:44-46

길이 되시다

성소의 휘장이 한가운데가 찢어지더라 _눅 23:45

누가복음의 기록과 달리 마가복음은 좀 더 구체적으로 기록했습니다.

³⁷예수께서 큰 소리를 지르시고 숨지시니라 ³⁸이에 성소 휘장이 위로부터 아래까지 찢어져 둘이 되니라 _막 15:37-38

두 복음서를 자세히 보면 알 수 있지만, 마가복음의 기록보다 누가복음이 더 자세하게 기록한 내용도 있습니다. 마가복음이 "큰 소리를 지르시고 숨지시니라"고 기록하였지만, 누가복음은 그 큰 소리의 내용이 무엇인지를 알 수 있게 적은 것입니다. 그것은 '아버지'라는 말이었을 것입니다.

⁴⁵성소의 휘장이 한가운데가 찢어지더라 ⁴⁶예수께서 큰 소리로 불러 이르시되 아버지 내 영혼을 아버지 손에 부탁하나이다 하고 이 말씀을 하신 후 숨지시니라 _눅 23:45-46

마가복음과 누가복음에서 성소의 휘장이 찢어진 것과 예수님의 마지막 말씀의 순서가 바뀌어서 약간 혼란스러워 보입니다. 하지만 두 가지 다 옳은 기록입니다. 우선 죽으시기 전에 "아버지"라고 불렀을 것입니다. 그렇다면 하나님과 관계가 회복된 것이 죽음 이전에 먼저 이뤄진 일임을 알 수 있습니다. 그래서 누가복음의 기록이 옳습니다. 그러나 마가복음의 기록 역시 정황상 옳습니다. 죽음으로 대속 사건이 성취된 것이기 때문입니다. 그러므로 두 복음서의 기록은 둘 다 옳습니다. 이 두 사건이 동시에 일어난 일이라는 뜻입니다. 죽음과 동시에 휘장이 찢어진 것입니다. 그러나 무엇보다 중요한 것은, 그때부터 우리도 예수님이 부르신 것처럼 하나님을 아버지라 부를 수 있게 되었다는 사실입니다.

> ⁵율법 아래에 있는 자들을 속량하시고 우리로 아들의 명분을 얻게 하려 하심이라 ⁶너희가 아들이므로 하나님이 그 아들의 영을 우리 마음 가운데 보내사 아빠 아버지라 부르게 하셨느니라 _갈 4:5-6

그리스도가 죽으시다

우리가 간과하지 말아야 할 또 놀라운 것이 있습니다. 그것은 예수 그리스도께서 진정 죽으셨다는 사실입니다. '죽을 수 없는 분의 죽음'이었지만, 그의 죽음은 위장이거나 거짓이 아니었습니다. 그러므로 그리스도의 죽음은 '절대 포기'를 의미하는 것입니다. 자신을 비우심, 바로 '케노시스'의 완성이었습니다.

> ⁶그는 근본 하나님의 본체시나 하나님과 동등됨을 취할 것으로 여기지 아니하시고 ⁷오히려 자기를 비워 종의 형체를 가지사 사람들과 같이 되셨고 ⁸사람의 모양으로 나타나사 자기를 낮추시고 죽기까지 복종하셨으니 곧 십자가에 죽으심이라 _빌 2:6-8

'죽을 수 없는 분의 죽음'의 메시지는 '비우심'입니다. 예수님의 죽음의 의미입니다. 이것이 주를 좇는 우리 역시 매일 죽어야 하는 이유입니다. 그것이 또한 우리가 다시 사는 방법이기도 합니다.

예수 그리스도께서 진실로 죽으셨습니다. 있을 수 없는 일이 벌어진 것입니다. 그러나 다시 사셨습니다. 기독교는 이같은 사실에서 시작된 종교입니다. 그러므로 죽기를 두려워하지 마십시오. 그것이 다시 사는 길임을 잊지 마십시오.

Part 5

고난주간 준비 묵상

월요일, 기도로 시작하라

¹³멀리서 잎사귀 있는 한 무화과나무를 보시고 혹 그 나무에 무엇이 있을까 하여 가셨더니 가서 보신즉 잎사귀 외에 아무 것도 없더라 이는 무화과의 때가 아님이라 ¹⁴예수께서 나무에게 말씀하여 이르시되 이제부터 영원토록 사람이 네게서 열매를 따 먹지 못하리라 하시니 제자들이 이를 듣더라_막 11:13-14 (더 읽기, 막 11:11-18)

예수의 과격한 행동

고난주간을 한 주 앞둔 이 주간은 미리 고난주간을 준비하는 시간으로 기도 묵상 주간으로 삼으려 합니다. 사실 조금만 유심히 살펴보면, 그 절체절명의 고난주간 동안 그 밑바탕을 흐르고 있는 것은 기도였습니다. 그러므로 한 주간 동안 있었던 예수의 말씀과 행적을 살피며 기도 묵상의 길을 안내하고자 합니다.

¹¹예수께서 예루살렘에 이르러 성전에 들어가사 모든 것을 둘러 보시고 때가 이미 저물매 열두 제자를 데리시고 베다니에 나가시니라 ¹²이튿날 그들이 베다니에서 나왔을 때에 예수께서 시장하신지라

_막 11:11-12

일요일, 주님의 예루살렘 입성은 화려하고 웅장하였습니다. 하지만 주님은 그곳에 머물지 않으셨습니다. 해가 저물자 예루살렘을 떠나 베다니로 가셨습니다. 그곳은 더 이상 하나님이 거하시는 곳이 아니었기 때문입니다. 그리고 월요일 아침, 다시 예루살렘으로 들어오십니다.

자세한 이유는 알 수 없지만 예수님 일행은 베다니에서 아침을 먹지 못한 채 나온 것으로 보입니다. 그러다 잎사귀가 무성한 무화과나무를 발견합니다. 무화과가 열릴 철이 아니어서 아무 열매도 없었는데, 예수님이 열매 없는 그 무화과나무를 저주하신 것입니다.

예수께서 나무에게 말씀하여 이르시되 이제부터 영원토록 사람이 네게서 열매를 따 먹지 못하리라 하시니 제자들이 이를 듣더라

_막 11:14

그리고 예수님은 예루살렘 성전으로 들어가셨습니다. 그때 예수님이 보여주신 행동은 의외로 과격했습니다.

그들이 예루살렘에 들어가니라 예수께서 성전에 들어가사 성전 안에서 매매하는 자들을 내쫓으시며 돈 바꾸는 자들의 상과 비둘기 파는 자들의 의자를 둘러 엎으시며 _막 11:15

과격한 행동의 이유

'둘러 엎으셨다.' 이같이 과격하게 보이는 행동을 주님은 어느 곳에서도 하지 않으셨습니다. 살인자, 간음한 여자, 강도와 파렴치범 등 어떤 사람을 만나도 이같은 반응을 보이신 적이 없으셨습니다. 그래서 이상할 수 있지만, 그같은 행동의 이유를 우리는 이어지는 주님의 말씀에서 찾을 수 있습니다.

가르쳐 이르시되 기록된 바 내 집은 만민이 기도하는 집이라 칭함을 받으리라고 하지 아니하였느냐 너희는 강도의 소굴을 만들었도다 하시매 _막 11:17

'기도하는 집.' 그런데 그 성전에서 기도는 이루어지지 않았고 사기치고 속이면서 제사 제물들을 장사하였습니다. 성전이 인간을 위한 협잡 장소가 된 것입니다. 원래 성전은 아무 의미가 없습니다. 하나님은 어디에나 계시기 때문입니다. 하지만 성전을 주님이 허락하신 이유는 순전히 우리들을 위한 것입니다. 그 이유의 핵심은 기도였습니다. 하나님이 우리의 기도를 들으신다는 것을 확신시키기 위하여 자신을 제한한 장소였습니다. 솔로몬의 기도에 대한 하나님의 대답을 들어보면 알 수 있습니다.

> 15이제 이 곳에서 하는 기도에 내가 눈을 들고 귀를 기울이리니 16이는 내가 이미 이 성전을 택하고 거룩하게 하여 … 내 눈과 내 마음이 항상 여기에 있으리라 _대하 7:15-16

어리석고 무지한 우리를 위해, 어두움에 있는 우리를 위해 하나님 당신을 드러내신 곳으로 성전을 지정하셨습니다. 그런데 그곳을 기도가 아니라 자신의 유익과 번영을 위해 장사꾼들이 난무한 곳으로 만든 것입니다. 성전을 이용하여 장사하면서 강도의 굴혈을 만든 것입니다. 하나님이 그 곳에 계실 이유가 사라진 것입니다.

절체절명의 순간을 앞에 둔 월요일에 주님이 분노하시면서까지 '기도'를 강조한 것을 간과해서는 안 됩니다. 기도는 타협할 수 없는 크리스천의 정체성이기 때문입니다.

묵상 행동

기도하지 않고, 기도할 수 없다면 그냥 이름뿐인 크리스천입니다. 고난주간을 준비하며 제일 먼저 해야 할 일은 기도입니다. 다른 어떤 것보다 기도를 결정하십시오. 만약 어렵다면 이제부터라도 기도를 배우십시오. 기도를 하십시오.

화요일, 기도의 원칙

그러므로 내가 너희에게 말하노니 무엇이든지 기도하고 구하는 것은 받은 줄로 믿으라 그리하면 너희에게 그대로 되리라 _막 11:24 (더 읽기. 막 11:19-24)

기도의 힘

월요일에 베다니로 나가셨다가 화요일 아침에 다시 예루살렘으로 들어올 때, 제자들은 무화과나무가 말라버린 모습을 보았습니다. 껍데기만 무성한 신앙에 대한 주님의 엄중함이 느껴지지만 이내 주님은 다른 이야기를 꺼내셨습니다. 기도에 대한 이야기였습니다. 그런데 무화과나무가 마른 사건처럼 비상식적인 이야기의 연속이었습니다.

내가 진실로 너희에게 이르노니 누구든지 이 산더러 들리어 바다에 던져지라 하며 그 말하는 것이 이루어질 줄 믿고 마음에 의심하지 아니하면 그대로 되리라 _막 11:23

'어떻게 산이 바다로 던져질 수 있겠는가?' 제자들의 마음 속 물음이었을 것입니다. '말도 안 된다'는 생각을 했을 것입니다. 그런 제자들에게 주님이 이어서 말씀하셨습니다.

내가 너희에게 말하노니 무엇이든지 기도하고 구하는 것은 받은 줄로 믿으라 그리하면 너희에게 그대로 되리라 _막 11:24

기도의 원칙

우리는 주님이 하신 말씀 속에서 기도의 원칙을 발견할 수 있는데, 가장 중요한 전제는 하나님을 믿는 것입니다.

21… 보소서 저주하신 무화과나무가 말랐나이다 22예수께서 그들에게 대답하여 이르시되 하나님을 믿으라 _막 11:21-22

두 번째 중요한 것은 "마음에 의심하지 아니"(막 11:23)하는 것입니다. '의심하다'로 번역된 헬라어 단어 '디아크리노'는 '철저하게 분리하다'는 뜻을 갖고 있습니다. 즉 마음이 이미 나뉘어져 있는 상태라는 뜻입니다. 그러므로 하나님에게 온전히 집중하여 마음이 분리되지 않는 내면의 상태를 이루는 수련이 중요합니다. 이를 위해 침묵기도를 권합니다(참조, 《21일 침묵기도 연습하기》, 하정완 지음, 생명의 말씀사 간).

그때 우리 내면에 세 번째 단계가 이뤄질 것입니다. 바로 "무엇이든지 구하는 것은 받은 줄로" 믿는 단계입니다. 이같이 주님이 요청하신 것은 실제로 일어날 수 있기 때문입니다. 물론 믿음으로 의심하지 않고 구하면 산이 들려 바다에 빠질 수도 있다고 말씀하신 것이 황당해 보일 수 있습니다. 분명 강조의 측면에서 하신 말씀이지만, 실제로 우리가 전혀 의심 없이 기도한다면 이뤄질 일입니다. 그런데 우리는 그런 기도를 하지 않습니다. 아니, 할 만한 완전한 확신이 없습니다.

우리는 이 기도 요청을 죽음 앞에 선 그리스도 예수가 강조하고 계신 것에 주의해야 합니다. 기도는 허공에 던지는 말이 아니라는 뜻입니다. 또한 기도의 매력은 이성적이고 합리적인 것을 구하는 정도가 아니라, 비이성적이고 불가능한 것조차 구할 수 있다는 것임을 간과해서도 안 됩니다. 그런 의미에서 우리는 그동안 믿음과 기도의 능력을 너무 잊고 살았는지도 모릅니다.

그동안 미루어놓았던 불가능해 보이는 내용의 기도 제목을 꺼내십시오. 목숨을 걸고 기도해보십시오. 더욱더 주님과 가까워지는 노력과 함께 말입니다. 다시 반복하지만 고난주간을 맞이하는 가장 중요한 준비는 기도여야 합니다. 기도와 함께 이 시간들을 보내고 계십니까?

수요일,
기도가 쉼이다

37예수께서 낮에는 성전에서 가르치시고 밤에는 나가 감람원이라 하는 산에서 쉬시니 38모든 백성이 그 말씀을 들으려고 이른 아침에 성전에 나아가더라 _눅 21:37-38

수요일의 기도

수요일에는 상대적으로 주님의 사역이 많이 드러나지 않습니다. 하지만 주변의 상황은 심각했을 것입니다. 그런데 성경의 기록이 이상합니다. 성경은 주님께서 낮에는 성전에서 가르치시고 밤에는 감람원이라는 산에서 쉬셨다고 기록하기 때문입니다.

　예수께서 낮에는 성전에서 가르치시고 밤에는 나가 감람원이라 하순간, 이렇게 쉬는 것이 옳은 것이라고 생각할지 모르지만, 여기서 "쉬시니"로 번역된 헬라어 단어 '아울리조마이'는 '옥외에서 밤을 새다'라는 뜻을 갖고 있습니다. 그래서 공동번역은 "밤에는 나와서 올리브 산이라고 하는 산에서 지내셨다"라고 번역하였습니다.

감람산이 주님이 기도하신 동산임을 생각할 때, 그곳에서 밤을 지새우신 것은 단순한 '쉼'이 아니라 기도였음을 알 수 있습니다. 그런데 누가복음 기자가 '쉬다'라고 표현한 것은 예수 그리스도에게 쉼이란 기도, 곧 하나님 아버지를 만나는 것이었기 때문임을 알 수 있습니다.

그러고 보면 예수님은 늘 그렇게 하셨습니다. 예수님이 가는 곳에는 늘 사람들이 몰려 들었습니다. 육체적으로 쉴 틈이 없으셨습니다. 그때마다 주님은 대충 하지 않으셨고, 한 사람 한 사람 일일이 손을 얹으시고 위로하시며 치료하셨고, 설득하시고 가르치시고 논쟁하셨습니다. 이와 같은 방법으로 밤늦게까지 사역을 하신 주님은 육체적으로 피곤했을 것입니다. 그런데 성경은 이상한 이야기를 기록합니다.

³⁴예수께서 각종 병이 든 많은 사람을 고치시며 많은 귀신을 내쫓으시되 귀신이 자기를 알므로 그 말하는 것을 허락하지 아니하시니라 ³⁵새벽 아직도 밝기 전에 예수께서 일어나 나가 한적한 곳으로 가사

거기서 기도하시더니 _막 1:34-35

주님은 쉼 없이 새벽녘에도 부지런히 움직이신 것처럼 보이지만, 주님의 기도는 쉼이었던 것입니다. 하나님 아버지를 만나는 것이 쉼 인 것입니다. 그러니까 기도의 깊은 단계로 들어서면 우리는 하나님 과의 일치에 이르게 되고, 그 일치로 인해 완전한 평화, 쉼이 이뤄지 는 것임에 틀림이 없습니다. 주님께서 쉬신 방법이었습니다. 그것을 어거스틴은 고백록 1장 1절에서 이렇게 고백하였습니다.

"내가 아버지 품에 안기기 전까지 내게 참된 쉼은 없었습니다."

기도가 쉼이다

저도 매우 이상한 경험을 한 적이 있는데, 주일 준비 때문에 주말에 별로 잠도 못 잔 상태였습니다. 그리고 주일 하루 종일 여러 번의 설 교와 양육을 하고 거의 파김치가 되어서 집에 왔습니다. 저녁을 먹 고 나니 견딜 수 없는 졸음이 밀려왔습니다. 그래서 평상시보다 일 찍인 8시나 9시가 되자 곯아떨어졌습니다. 그런데 놀랍게도 2-3시 경에 깹니다. 그런데 이상한 것은 별로 피곤하지 않았습니다. 평상 시처럼 6시간 정도를 잤을 뿐인데 왜 사역이 많지 않았던 평일보다 더 피곤하지 않았는지 한동안 이해하지 못했습니다.

하지만 제가 깨달은 것이 있습니다. 주일 사역은 온전히 육체의 욕망이 사라진 시간이었습니다. 오로지 주님의 일에 집중한 것입니다. 분명히 육체로 일한 까닭에 육체는 피곤했습니다. 그래서 피곤해서 일찍 잠에 든 것이었지만, 나의 영은 오히려 그 주일 사역 시간 동안 행복했고 쾌락하고 있었으며, 오히려 하나님 안에서 평화와 쉼을 누리고 있었던 것입니다. 그런 까닭에 적절한 육체적 쉼, 불과 6시간 정도만에 내가 더 놀랍게 회복된 것입니다.

이해하셨을 것입니다. 기도가 온전한 '쉼'이기 때문입니다. 그러므로 기도의 깊이가 깊어지면 깊어질수록 기도는 어느 순간 '쉼'으로 바뀝니다. 하나님이 만지시기 때문이고 하나님이 그곳에 임재하시기 때문입니다. 그런 의미에서 기도의 깊이는 영성의 깊이입니다.

고난주간을 지나는 동안 주님이 하신 사역들이 선명히 드러나지만, 동시에 또 분명히 드러나는 것이 바로 기도입니다. 수요일, 그 깊은 압박의 순간에 감람산으로 올라가신 이유일 것입니다.

묵상 행동

기도의 깊이는 하나님 안에 거하는 일치와 모든 것을 맡기는 위탁이 있는지를 보면 알 수 있습니다. 수요일, 주님처럼 하나님 안에서 쉬기를 시도해보십시오. 홀로 산으로, 나만의 광야로 가는 시간을 꼭 가져보십시오.

목요일,
기도할 수 없는
자의 비참함

40제자들에게 오사 그 자는 것을 보시고 베드로에게 말씀하시되 너희가 나와 함께 한 시간도 이렇게 깨어 있을 수 없더냐 41시험에 들지 않게 깨어 기도하라 마음에는 원이로되 육신이 약하도다

_마 26:40-41 (더 읽기, 마 26:36-45)

기도해야 한다

세족식과 함께 성만찬이 있었던 목요일 저녁, 심상치 않은 분위기가 흐르고 있었습니다. 대제사장들을 비롯한 예루살렘의 지도자들(막 14:1)은 예수를 죽이려고 음모를 진행시키고 있었고, 가룟 유다는 벌써 매수되어 있었습니다. 그런데 주님께서도 십자가 지실 준비가 다 되어 있었습니다.

¹⁹··· 이것은 너희를 위하여 주는 내 몸이라 너희가 이를 행하여 나를 기념하라 ²⁰··· 이 잔은 내 피로 세우는 새 언약이니 곧 너희를 위하여 붓는 것이라 _눅 22:19,20

제자들과 저녁을 마치신 후 예수님이 하신 것은 늘 하던 습관을 따라 하던 감람산에서의 기도였습니다. 물론 제자들도 함께 하였는데, 겟세마네 동산에 도착한 후 예수님은 제자들에게 이렇게 말씀하셨습니다.

내가 저기 가서 기도할 동안에 너희는 여기 앉아 있으라 _마 26:36

그리고 베드로와 세베대의 두 아들, 야고보와 요한만 따로 데리고 기도하러 나아가셨습니다. 아무래도 가장 신뢰하는 제자들이었을 테니까요. 그리고 이렇게 부탁하셨습니다.

³⁷베드로와 세베대의 두 아들을 데리고 가실새 고민하고 슬퍼하사 ³⁸이에 말씀하시되 내 마음이 매우 고민하여 죽게 되었으니 너희는 여기 머물러 나와 함께 깨어 있으라 하시고 _마 26:37-38

그리고 나아가서 예수님이 기도하셨는데, 그 기도는 모든 사람들을 위한 구속사적 기도였습니다. 그 깊이는 말할 필요가 없을 정도였습니다.

조금 나아가사 얼굴을 땅에 대시고 엎드려 기도하여 이르시되 내 아버지여 만일 할 만하시거든 이 잔을 내게서 지나가게 하옵소서 그러나 나의 원대로 마시옵고 아버지의 원대로 하옵소서 하시고 _마 26:39

주님이 그들에게 요청한 것은 예수님과 함께 깨어 있는 것이었습니다. 깨어 있으라는 말은 기도하라는 뜻이었습니다. 하지만 그들은 주님과 함께 할 수 없었고 기도할 수도 없었습니다. 깨어 있는 것의 실패, 주님과 함께 하는 것의 실패였습니다. 바로 우리의 실패입니다. 그렇게 주님이 기도하다 말고 그들에게 첫 번째로 왔을 때, 그들은 자고 있었습니다. 놀라운 사실이 아닐 수 없습니다. 주님은 구속사적 기도를 드리고 있었지만, 제자들을 위한 기도 역시 멈추지 않았다는 뜻이기 때문입니다. 그래서 다시 찾아오신 것입니다. 이어진 예수의 기도를 들어보면 알 수 있습니다. 성경은 예수님이 다시 반복하여 앞의 기도를 이어서 하신 것을 기록하고 있기 때문입니다.

다시 두 번째 나아가 기도하여 이르시되 내 아버지여 만일 내가 마시지 않고는 이 잔이 내게서 지나갈 수 없거든 아버지의 원대로 되기를 원하나이다 하시고 _마 26:42

그러니까 예수님은 구속사적 기도를 드리면서도 제자들이 걱정되었던 것입니다. 그들이 당할 시험과 고난을 걱정하고 계셨던 것입니다. 그래서 주님은 기도하다 말고 다시 오셨습니다. 그리고 이렇게 말씀하셨습니다.

> **40**제자들에게 오사 그 자는 것을 보시고 베드로에게 말씀하시되 너
> 희가 나와 함께 한 시간도 이렇게 깨어 있을 수 없더냐 **41**시험에 들
> 지 않게 깨어 기도하라 마음에는 원이로되 육신이 약하도다 하시고
>
> _마 26:40-41

기도할 수 없는 자의 비참함

"너희가 한 시간도 이렇게 깨어 있을 수 없더냐?" 그런 말씀을 들었
지만 그들은 기도할 수 없었습니다. 예수님이 다시 또 찾아왔을 때
그들은 정신없이 자고 있었습니다. 그런데 이번에 예수님은 이상하
게 행동하셨습니다. 그냥 두시고 나아가 홀로 기도한 것입니다.

> **43**다시 오사 보신즉 그들이 자니 이는 그들의 눈이 피곤함일러라
> **44**또 그들을 두시고 나아가 세 번째 같은 말씀으로 기도하신 후
>
> _마 26:43-44

예수님이 요청하지 않으신 이유는 그들의 내면 상태를 아셨기 때
문입니다. 기도는 우리의 노력으로 되는 것이 아니기 때문입니다.
기도는 성숙한 자가 드리는 온전함의 현상이기에 미성숙한 그들은
기도할 수 없었던 것입니다. 이후 베드로를 비롯한 제자들이 만난

비참한 부인과 도망 그리고 저주로 나타날 수밖에 없었습니다. 기도할 수 없는 자들의 비참함이었습니다.

묵상 행동

기도할 수 없다는 것은 자기 힘을 의지하고 자기 의지로 사는 것을 말합니다. 그것이 우리가 절망 앞에 서게 되는 이유입니다. 그러므로 오늘은 기도하십시오. "한 시간도 기도할 수 없더냐"라는 주님의 말씀을 뼈에 새기고 기도하는 시간을 가져보십시오. 할 수만 있다면 오늘은 기도 외에는 아무 것도 하지 않고 지내보십시오.

금요일, 주님이 기도하고 계시다

베드로가 예수의 말씀에 닭 울기 전에 네가 세 번
나를 부인하리라 하심이 생각나서 밖에 나가서
심히 통곡하니라 _마 26:75 (더 읽기, 마 26:69-75)

기도하지 못하는 자의 연약함

가룟 유다의 도움을 받은 대제사장들을 비롯한 종교지도자들은 제
자들과 함께 기도하고 계신 감람산으로 쳐들어가 예수를 체포합니
다. 약간의 저항이 있었지만 제자들은 모두 도망쳤습니다. 그래서
종교 지도자들은 새벽이 오기 전까지 예수를 전임 대제사장 안나스
의 예비심문을 거쳐(요 18:12-23) 대제사장 가야바가 심문하는 산헤
드린 공회 앞에 세울 수 있었습니다(마 26:59-71). 거기서 산헤드린

공회는 예수님의 죄를 결정합니다.

이와 같이 일사천리로 진행되고 있던 그 자리를 멀찌감치 서서 좇아가고 있던 사람이 베드로입니다. 성경은 그의 모습을 이렇게 기록하고 있습니다.

> 베드로가 예수를 멀찍이 따라 대제사장의 집 뜰 안까지 들어가서 아랫사람들과 함께 앉아 불을 쬐더라 _막 14:54

마치 구경 온 사람처럼 숨어 있었습니다. 사실 그가 할 수 있는 것은 아무 것도 없었습니다. 하지만 이것이 시작이었습니다. 시간이 지날수록 베드로는 더 깊은 비참함으로 빠졌습니다. 대제사장의 종들 중 하나가 베드로를 알아보고 "너도 나사렛 예수와 함께 있었도다"(막 14:67)라는 추궁에 베드로는 자신의 주님 예수를 부인합니다. 이미 엎질러진 물이었습니다. 부인은 이렇게 계속되었습니다. 결국 사람들이 베드로의 말투를 증거로 갈릴리 사람, 예수와 함께 있었던 사람이라고 피할 수 없는 증거를 들이대자 베드로는 예수님을 저주하기에 이릅니다. 주님이 걱정하셨던 것처럼 기도하지 못하는 자의 연약함이었습니다.

> 베드로가 저주하며 맹세하되 나는 너희가 말하는 이 사람을 알지 못하노라 _막 14:71

그때 베드로가 닭 울음소리를 듣습니다. 하지만 기막힌 상황을 만납니다. 우리는 일반적으로 베드로가 닭 울음소리를 듣고 주님이 세 번 부인할 것이라는 말씀을 기억한 것으로 생각합니다. 하지만 아닙니다. 베드로가 주님의 하신 말씀이 생각난 것은 주님 때문이었습니다. 닭 울음소리를 듣고 자신을 쳐다보시는 주님과 눈이 마주쳤기 때문입니다.

> 60베드로가 이르되 이 사람아 나는 네가 하는 말을 알지 못하노라고 아직 말하고 있을 때에 닭이 곧 울더라 61주께서 돌이켜 베드로를 보시니 베드로가 주의 말씀 곧 오늘 닭 울기 전에 네가 세 번 나를 부인하리라 하심이 생각나서 _눅 22:60-61

그때 주님의 말씀이 생각났고 자신을 쳐다보는 예수 그리스도를 보고 있었지만, 그러나 그는 "그렇다. 내가 예수의 제자다"라고 외칠 수 없었습니다. 예수의 눈빛을 뒤로 하고 베드로가 할 수 있는 것은 그 자리를 나와 밖 담장 밑에서 우는 것이 전부였습니다. 운다는 것은 그의 처절한 마음을 표현한 것이지만, 우는 것은 힘이 아니었습니다. 마음은 원이었지만 그 마음을 지킬 힘이 없었던 것입니다.

> 61… 오늘 닭 울기 전에 네가 세 번 나를 부인하리라 하심이 생각나서 62밖에 나가서 심히 통곡하니라 _눅 22:61-62

기도 없이는 안 된다

기도 없이는, 우리도 같은 일이 벌어지면 베드로와 똑같이 할 것입니다. 그렇다면 우리는 어떻게 이길 수 있습니까? 가장 중요한 것은 주님이 알고 계셨다는 사실입니다. 당연히 베드로와 제자들이 어떻게 해야 이길 수 있는지도 알고 계셨습니다.

다시 앞으로 돌아가, 누가복음에 나와 있는 예수와 베드로의 대화를 주의할 필요가 있습니다. 주님께서 베드로가 "오늘 닭 울기 전에 네가 세 번 나를 모른다고 부인"(눅 22:34)할 것을 알면서 하신 말씀입니다.

> 31시몬아, 시몬아, 보라 사탄이 너희를 밀 까부르듯 하려고 요구하였으나 32그러나 내가 너를 위하여 네 믿음이 떨어지지 않기를 기도하였노니 너는 돌이킨 후에 네 형제를 굳게 하라 _눅 22:31-32

이 모든 것, 특히 연약함을 알고 있고 그래서 부인할 것을 알고 계셨던 예수님이 하신 일은 기도였습니다.

> 내가 너를 위하여 네 믿음이 떨어지지 않기를 기도하였노니 _눅 22:31

놀라운 일입니다. 뿐만 아니라 주님은 미래를 기대하고 계셨습니다.

너는 돌이킨 후에 네 형제를 굳게 하라 _눅 22:32

잊지 마십시오. 주님이 알고 계시고 기도하고 계시다는 사실 말입니다. 더욱 놀라운 것은 지금도 우리를 위하여 기도하고 계시다는 사실입니다. 당연히 우리를 잘 알고 계시기 때문입니다.

누가 정죄하리요 죽으실 뿐 아니라 다시 살아나신 이는 그리스도 예수시니 그는 하나님 우편에 계신 자요 우리를 위하여 간구하시는 자시니라 _롬 8:34

묵상 행동

우리에게도 베드로가 만난 상황 같은 순간이 올지 모릅니다. 그때 기도하는 사람이 아니라면 고작 슬퍼하는 것이 전부일지도 모릅니다. 연약한 크리스천 말입니다.

그러므로 기도를 계획하십시오. 그리고 오늘, 주님이 십자가에 달리신 날을 기도 시작의 날로 삼으십시오. 이것이 주님이 기뻐하실 제물이 아니겠습니까?

34일. 토요일
고난주간 준비 묵상

토요일,
기다림의 기도

그런즉 이스라엘 온 집은 확실히 알지니 너희가 십자가에 못 박은 이 예수를 하나님이 주와 그리스도가 되게 하셨느니라 하니라 _행 2:36 (더 읽기, 행 2:32-41)

침묵하신 주님

3... 성경대로 그리스도께서 우리 죄를 위하여 죽으시고 4장사 지낸 바 되었다가 성경대로 사흘 만에 다시 살아나사 _고전 15:3-4

예수님의 죽으심과 묻히심은 상상할 수 없는 사건입니다. 완벽하게 의로우신 주님이 죄로 가득 찬 무리들에게 모함 받고 죄에 갇힌 채 죽으셨기 때문입니다. 더욱이 하나님이신 예수님이 죽으시고 무덤에 묻히셨다는 것은 말로 표현하기 힘든 겸손입니다.

충분히 주님은 우리에게 강요할 수 있었습니다. 그러나 주님은 그렇게 하지 않으셨습니다. 자기를 주장하지 않고 죽으셨습니다. 충분히 자신을 죽이는 이들을 향하여 소리치고 정죄하고 몰아붙일 수도 있었지만 주님은 잠잠히 죽음으로 걸어가셨습니다.

> 그가 곤욕을 당하여 괴로울 때에도 그의 입을 열지 아니하였음이여 마치 도수장으로 끌려가는 어린 양과 털 깎는 자 앞에서 잠잠한 양같이 그의 입을 열지 아니하였도다 _사 53:7

더욱 놀라운 일은 예수의 부활 이후에도 계속 되었습니다. 예수님은 부활하셨지만 자신들을 찌르고 죽인 자들을 찾아가서 본때를 보여주고 심판하지 않았습니다. 주님은 잠잠히 부활하셨습니다. 왜 이렇게 침묵하셨던 것입니까?

엔도 슈사꾸의 소설 중에《침묵》이 있습니다. 일본 선교를 떠난 신부, 늘 순교를 사모하던 한 신부가 예수 그리스도를 부인하고 배교했다는 소문을 듣고 로마에서는 자세한 내용을 조사하기 위해 또 다른 신부를 보냅니다. 그리고 그 신부의 배교의 진상이 밝혀집니다.

작은 어촌에 들어왔던 신부의 선교로 마을의 여러 사람들이 예수를 영접합니다. 그러나 그것을 못마땅하게 여기던 영주는 예수 믿는 사람들을 죽이려고 계획하다가, 신부에게 이런 제안을 합니다.

"만일 당신이 예수를 부인하면 당신과 마을 사람들을 죽이는 일은 하지 않겠다."

그리고 영주는 예수님의 얼굴이 박힌 동판 그림을 밟고 지나갈 것을 요구합니다. 드디어 선택해야 할 운명이 시간이 찾아왔습니다. 순교당하는 것을 기쁨으로 여기던 신부가 마을 사람들이 죽는 것을 괴로워하고 있는데, 바로 앞에 놓여 있는 동판 속의 예수님이 신부에게 이렇게 말을 하는 것이었습니다.

"밟아라, 밟아. 나는 밟히기 위해 존재한다."

그것이 배교의 전말이었습니다.

오늘도 주님은 우리의 모든 것에 대하여 침묵하십니다. 우리를 위해 밟히시기조차 기뻐하십니다. 우리가 깨닫기까지 말입니다.

기다림의 기도

오순절 성령의 임재 후 성령 충만한 베드로가 예루살렘 저자거리에서 말씀을 선포하였습니다. 그의 메시지는 이 말씀에 집중되었습니다.

> 이스라엘 온 집은 확실히 알지니 너희가 십자가에 못 박은 이 예수를 하나님이 주와 그리스도가 되게 하셨느니라 _행 2:36

이 기막힌 베드로의 설교를 들었던 예루살렘 백성들은 설득되었습니다. "너희가 십자가에 못 박은 이 예수"라는 외침 속에서 불과 두 달도 채 되지 않았던 십자가 사건이 선명하게 떠올랐습니다. 그 순간 심각해졌습니다. 메시야이신 예수를 죽였다는 것을 깨달았기 때문입니다. 그들의 마음에 강력한 찔림이 있었습니다. 이어진 것은 탄식이었습니다.

> 그들이 이 말을 듣고 마음에 찔려 베드로와 다른 사도들에게 물어 이르되 형제들아 우리가 어찌할고 _행 2:37

이 근심스러운 탄식 앞에 감사하게도 베드로와 제자들은 답을 갖고 있었습니다. 답을 안 자의 선포는 정말 아름다웠습니다. 역사상 가장 아름다운 선포, 영원히 반복될 것이지만, 아무리 반복해도 신나는 선포였습니다.

> 너희가 회개하여 각각 예수 그리스도의 이름으로 세례를 받고 죄사함을 받으라 그리하면 성령을 선물로 받으리니 _행 2:38

너무나 간단했습니다. 베드로의 선포를 들은 그들은 망설일 이유가 없었습니다. 그들은 매우 분명히 자신의 죄를 인식하였기 때문입니다. 무엇보다 중요한 것은 예수님의 기다림을 느낀 것입니다. 다른 어느 누구보다도 베드로가 감격했을 것입니다. 자신이 주님을 부인할 것을 다 아시면서도 기도하였다는 말씀이 기억났을 것이기 때문입니다. 당연히 예수님이 드린 기도의 응답이었고, 지금도 기도하시는 예수님의 기도의 능력이었음을 알았기 때문일 것입니다. 그것은 기다림의 기도였습니다.

> 누가 정죄하리요 죽으실 뿐 아니라 다시 살아나신 이는 그리스도 예수시니 그는 하나님 우편에 계신 자요 우리를 위하여 간구하시는 자시니라 _롬 8:34

드디어 기적이 일어났습니다. 베드로가 전하는 복음을 들은 자들이 회개하고 주를 믿는 세례를 받기 시작한 것입니다. 즐거운 세례였습니다. 이때 세례는 죄가 용서되었다는 표식이었습니다. 무려 삼천 명이나 되었습니다. 역사상 가장 강력한 전도집회였습니다.

> 그 말을 받은 사람들은 세례를 받으매 이 날에 신도의 수가 삼천이나 더하더라 _행 2:41

오늘날에도 주님은 우리의 모든 것에 대하여 침묵하십니다. 우리가 깨달을 때까지 주님은 기다리십니다. 주님은 아무런 말씀도 하지 않으시고 아무것도 변명하거나 항의하지도 않으십니다. 다시 십자가에 못 박히고 무덤에 묻히는 것만이 아니라, 다시 그 몸이 찢김을 당하고 수욕을 받으시더라도 주님은 받으실 것입니다. 그리고 이렇게 말씀하실 것입니다.

"밟아라, 밟아. 나는 밟히기 위해 존재한다."

이제는 우리가 행동할 때입니다. 무한한 주님의 사랑과 헌신 앞에 대답할 때입니다. 우리도 침묵하며 조용히 주님의 뒤를 따라갈 때입니다. 그렇게 마음을 다잡고 기다림으로 기도하며 고난주간을 맞이하십시오.

황홀과
냉정

7나귀 새끼를 예수께로 끌고 와서 자기들의 겉옷을 그 위에 얹어 놓으매 예수께서 타시니 8많은 사람들은 자기들의 겉옷을, 또 다른 이들은 들에서 벤 나뭇가지를 길에 펴며 9앞에서 가고 뒤에서 따르는 자들이 소리 지르되 호산나 찬송하리로다 주의 이름으로 오시는 이여 10찬송하리로다 오는 우리 조상 다윗의 나라여 가장 높은 곳에서 호산나 하더라 _막 11:7-10 (더 읽기, 막 11:1-11)

예수님의 예루살렘 입성, 오늘이 바로 그 종려주일입니다. 그런데 대제사장들과 서기관 등 유대 종교지도자들은 걱정하고 있었습니다. 이미 첩보원들에 의해 그들이 직접 눈으로 본 예수에 대한 소문은 확보되었습니다. 수많은 병자를 고치고 이적을 행하신 일은 헤아릴 수 없이 많았습니다. 그 정점에 오병이어 사건이 있었습니다. 이스라엘 백성들이 예수에 대해 요동치기 시작하였습니다. 급기야 예수를 왕으로 옹립하려는 시도까지 나왔습니다. 오병이어 사건 이후였습니다.

> ¹⁴그 사람들이 예수께서 행하신 이 표적을 보고 말하되 이는 참으로 세상에 오실 그 선지자라 하더라 ¹⁵그러므로 예수께서 그들이 와서 자기를 억지로 붙들어 임금으로 삼으려는 줄 아시고 다시 혼자 산으로 떠나 가시니라 _요 6:14-15

그러던 차에 예루살렘으로 향하던 예수님이 예루살렘이 가까운 베다니에서 죽은 나사로를 살리신 사건이 벌어졌습니다. 그 기막힌 사건의 소식은 유월절을 지키기 위해 예루살렘으로 가던 사람들의 입소문으로 퍼지기 시작하였습니다.

그것과 별도로 대제사장들과 서기관 등 유대 지도자들은 이 사건을 심각하게 생각하였습니다. 이미 그 사건으로 예수를 믿는 유대인들이 많아졌기 때문입니다(요 11:45).

그들이 우선 걱정하는 것은 자신들의 기득권을 지키는 것이었지만, 그들의 논리는 민족의 안위였습니다. 예수가 그같은 군중의 지지를 얻는 것이 로마의 심기를 불편하게 할 것이라고 논리를 정리하였습니다.

> ⁴⁷이에 대제사장들과 바리새인들이 공회를 모으고 이르되 이 사람이 많은 표적을 행하니 우리가 어떻게 하겠느냐 ⁴⁸만일 그를 이대로 두면 모든 사람이 그를 믿을 것이요 그리고 로마인들이 와서 우리 땅과

민족을 빼앗아 가리라 하니 _요 11:47-48

이처럼 정치적 논리를 내세웠습니다. 그때 그 해 대제사장인 가야바가 기막히게 타당성 있는 해결책을 내놓았습니다.

한 사람이 백성을 위하여 죽어서 온 민족이 망하지 않게 되는 것이 너희에게 유익한 줄을 생각하지 아니하는도다 _요 11:50

예수를 죽이자는 뜻이었습니다. 그들이 예수를 죽이는 것에 동의한 것입니다. 예수를 죽이는 것에 대하여 구체적인 모의가 시작된 것이 이후의 요한복음의 기록입니다.

이 날부터는 그들이 예수를 죽이려고 모의하니라 _요 11:53

하지만 예수에 대한 소식이 거대한 쓰나미처럼 몰려오고 있는 것을 알고 있던 그들이 결정한 것은, 절대로 유월절 기간에는 어떤 행동도 하지 말자는 것이었습니다. 민란이 일어날 것을 걱정했기 때문입니다.

¹이틀이 지나면 유월절과 무교절이라 대제사장들과 서기관들이 예수를 흉계로 잡아 죽일 방도를 구하며 ²이르되 민란이 날까 하노니 명절에는 하지 말자 하더라 _막 14:1-2

드디어 예수님이 입성하시던 날이 되었습니다. 잠잠히 상황을 살피던 대제사장들과 서기관 등 유대 지도자들이 우려하던 일이 벌어졌습니다. 민란은 아니었지만, 그들에게는 민란 수준의 소요였습니다.

> 그 이튿날에는 명절에 온 큰 무리가 예수께서 예루살렘으로 오신다는 것을 듣고 종려나무 가지를 가지고 맞으러 나가 외치되 호산나 찬송하리로다 주의 이름으로 오시는 이 곧 이스라엘의 왕이시여 하더라 _요 12:12-13

엄청난 인파의 원인

도대체 왜 이렇게 모여들고 열광한 것입니까? 성경을 자세히 보면 예루살렘 입성 전에 벌어진 두 가지 사건이 중요한 원인입니다. 이미 언급한 것처럼 하나는 오병이어 사건입니다. 그러나 이보다 더 치명적인 사건은 예수가 죽은 나사로를 살린 일이었습니다. 오병이어 사건만 가지고도 예수가 자신들을 구원할 메시야라고 생각해서 임금으로 삼고자 했던 사람들은 나사로 사건 앞에서 더욱 열광하였습니다. 더욱이 나사로가 살아났을 때 그 현장에 있던 베다니 사람들이 예루살렘에 들어와 증언하고 있었고, 소문은 일파만파로 퍼져 나가고 있었습니다. 요한복음은 이렇게 기록하고 있습니다.

¹⁷나사로를 무덤에서 불러내어 죽은 자 가운데서 살리실 때에 함께 있던 무리가 증언한지라 ¹⁸이에 무리가 예수를 맞음은 이 표적 행하심을 들었음이러라 _요 12:17-18

그런 까닭에 사람들은 나사로를 보고 싶어했고, 다시 살아난 나사로를 보는 사람들마다 예수를 믿고 신뢰하는 것은 더욱 자연스러운 일이 되고 있었습니다. 어쩌면 가장 중요한 이유였는지도 모릅니다.

⁹유대인의 큰 무리가 예수께서 여기 계신 줄을 알고 오니 이는 예수만 보기 위함이 아니요 죽은 자 가운데서 살리신 나사로도 보려 함이러라 ¹⁰대제사장들이 나사로까지 죽이려고 모의하니 ¹¹나사로 때문에 많은 유대인이 가서 예수를 믿음이러라 _요 12:9-11

이처럼 사람들이 열광할수록 대제사장들과 예루살렘의 종교 그룹들은 더욱 강력하게 예수를 죽이고 싶었지만 방법이 없었습니다. 더욱이 아예 소문의 근원이 되는 나사로라는 싹까지 없애려고 계획하고 있었지만(요 12:9-11) 방법이 없는 상황이었습니다. 그런데 심상치 않은 것은 예수를 향해 외치던 그들의 고백이었습니다.

⁸많은 사람들은 자기들의 겉옷을, 또 다른 이들은 들에서 벤 나뭇가지를 길에 펴며 ⁹앞에서 가고 뒤에서 따르는 자들이 소리 지르되 호산나 찬송하리로다 주의 이름으로 오시는 이여 ¹⁰찬송하리로다 오는

우리 조상 다윗의 나라여 가장 높은 곳에서 호산나 하더라 _막 11:8-10

사람들의 기대

사람들은 예수님을 메시야, 그것도 다윗 왕국을 회복시킬 정치적인 메시야로 기대하고 있었습니다. 사실 종려나무는 유대 민족주의를 상징하는 것이었고, 겉옷을 발밑에 깐다는 것은 옛날 폭군 아합에 대항하여 예후가 혁명을 일으켰을 때 사람들이 "예후는 왕이다"라고 선언하면서 옷을 깔던 것을 연상시켰습니다.

더욱이 "호산나"라는 외침의 의미는 히브리어로 "우리를 구하소서"라는 것이었습니다. 그러므로 예수님이 예루살렘 입성하는 모습은 마치 승리한 왕으로 보였습니다. 그같은 반응과 외침은 강력한 반발을 샀습니다. 바리새인들이 예수님에게 직접 항의하였습니다.

이르되 찬송하리로다 주의 이름으로 오시는 왕이여 하늘에는 평화요 가장 높은 곳에는 영광이로다 하니 무리 중 어떤 바리새인들이 말하되 선생이어 당신의 제자들을 책망하소서 하거늘 _눅 19:39

하지만 주님은 그런 요청을 받아들이지 않으셨습니다. 오히려 다른 말씀으로 그들을 지지하셨습니다.

대답하여 이르시되 내가 너희에게 말하노니 만일 이 사람들이 침묵

하면 돌들이 소리 지르리라 하시니라 _눅 19:40

'돌들이 소리 지른다.' 예수 그리스도의 왕 되심은 분명하다는 말씀이었습니다. 물론 예수님은 사람들이 기대하는 다윗 왕조의 회복을 말하는 정치적 메시야가 아니라 고난 받는 종으로서의 메시야였습니다. 사람들은 그 사실을 잘 알지 못하고 있었습니다. 그럼에도 불구하고 예수 그리스도의 왕 되심은 사실이었습니다. 주님은 그것을 부정할 마음이 없었던 것입니다.

이처럼 주님의 예루살렘 입성은 단순하지 않았습니다. 소문은 일파만파로 퍼져나갔습니다. 예루살렘 입성 소식, 사람들의 반응, 죽은 나사로의 부활 같은 소식이 삽시간에 퍼진 것입니다. 사람들은 황홀을 경험하였을 것입니다. 예루살렘 전체가 떠들썩하였습니다. 수습이 불가능해지고 있었습니다. 마태복음은 이렇게 기록하고 있습니다.

¹⁰예수께서 예루살렘에 들어가시니 온 성이 소동하여 이르되 이는 누구냐 하거늘 ¹¹무리가 이르되 갈릴리 나사렛에서 나온 선지자 예수라 하니라 _마 21:10-11

이 기막힌 흐름 앞에 예수를 죽이려고 모의하던 이들이 흔들렸습니다. 특히 이처럼 많은 지지세력이 보이자 대제사장을 비롯한 유대의 기득권들은 단순히 자신들이 생각하는 방법으로 예수를 죽일 수는 없다고 판단합니다. 예수를 죽이려던 무리들의 분열이 일어났습니다. 그들 중 행동대원과 다름없었던 바리새인들이 포기할 조짐을 보인 것입니다.

> 그래서 바리새인들은 자기들끼리 이렇게 말했습니다. "보시다시피 우리 계획은 하나도 성공을 거두지 못했습니다. 온 세상이 저 사람을 따르고 있지 않습니까! _요 12:19. 쉬운성경

예수가 마음만 먹으면 이미 혁명은 성공한 것이나 다름없었습니다. 이제 깃발을 들고 군중들 앞에 서면 모든 것이 끝나는 상황이었습니다. 더욱이 예루살렘의 종교지도부가 분열하고 있었고, 그들도 두려워하고 있었기 때문입니다. 그런데 맥 빠지는 일이 벌어졌습니다. 마가복음의 기록이 허망합니다.

> 예수께서 예루살렘에 이르러 성전에 들어가사 모든 것을 둘러 보시고 때가 이미 저물매 열두 제자를 데리시고 베다니에 나가시니라
> _막 11:11

바리새인들과 유대지도자들이 두려워하고 있었고 이미 끝이 보이는 무혈입성 같은 상황에서 예수님이 이같은 행동을 보이신 것입니다. 그때 황홀한 열정은 멈칫거렸습니다. 갑자기 그들이 차분해졌습니다. 그들의 소요는 의미 없어졌습니다. 현장에서 간음하다 잡혀

온 여인을 돌로 쳐죽이려는 이들에게 "너희 중에 죄 없는 자가 돌로 치라"는 말씀을 하신 후에 구부려 앉아 손으로 땅에 무엇을 쓰고 있는 것 같은 '멈춤'이었습니다. 황홀 속의 냉정이었습니다.

그때 진실이 드러났습니다. 백성들의 열광이 얼마나 스스로를 선동한 것인지가 드러나는 계기가 된 것입니다. 아니나 다를까, 예수가 빌라도 법정에 잡혀왔을 때, 그 환호하던 이들은 모두 "예수를 십자가에 못박으라"는 저주를 퍼부었습니다.

신앙은 군중의 환호가 아닙니다. 거대한 무리에 묻혀 자신을 상실하는 것이 아닙니다. 대교회주의, 메가처치의 위험성은 군중, 거대함과 화려함, 황홀한 성공과 번영의 메시지에 사로잡히는 것입니다.

주님은 자기를 부인할 것을 요청했습니다. 냉정할 것을 요청했습니다. 고독함으로 홀로 설 것을 요청한 것입니다. 세상 속 화려한 교회의 움직임 속에서 자신을 묻어 스스로 합리화하고 위로받고 황홀해지는 것이 아니라, 무서우리만치 차갑고 냉정하며 예수 그리스도로 만족하는 존재가 되어야 합니다. 그것이 옳은 신앙입니다. 예루살렘을 나가 베다니로 들어간 예수의 메시지입니다.

묵상 행동

화려하고 강력한 예루살렘 말고 우리가 조용히 들어가야 할 베다니는 어디입니까? 주님이 말씀하신 것처럼 우리가 들어가 조용히 하나님을 만나야 할 골방은 어디입니까? 차분히 자신이 져야 할 십자가를 생각하며 고난주간을 맞을 준비를 하십시오.

월요일 묵상 퍼포먼스 준비

고난주간 월요일 묵상을 위해서는 풍선이 필요합니다. 미리 준비해서 묵상할 때 사용하십시오.

Part 6

고난주간 행동 묵상

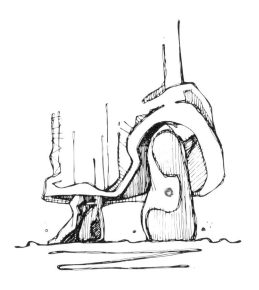

35일. 월요일
고난주간 행동 묵상

월요일,
풍선 불기를
멈추다

¹³멀리서 잎사귀 있는 한 무화과나무를 보시고 혹 그 나무에 무엇이 있을까 하여 가셨더니 가서 보신즉 잎사귀 외에 아무 것도 없더라 이는 무화과의 때가 아님이라 ¹⁴예수께서 나무에게 말씀하여 이르시되 이제부터 영원토록 사람이 네게서 열매를 따 먹지 못하리라 하시니 제자들이 이를 듣더라 _막 11:13-14 (더 읽기, 막 11:11-18)

무화과 저주 사건

예수께서 예루살렘에 이르러 성전에 들어가사 모든 것을 둘러보시고 때가 이미 저물매 열두 제자를 데리시고 베다니에 나가시니라 이튿날 그들이 베다니에서 나왔을 때에 예수께서 시장하신지라

_막 11:11-12

일요일, 주님의 예루살렘 입성은 화려하고 웅장하였습니다. 그러나 정작 주님은 사람들의 환호를 뒤로 하고 예루살렘 성을 바라보며 우셨습니다(눅 20:41). 그곳은 더 이상 하나님이 거하시는 곳이 아니었기 때문입니다. 그것이 주님이 예루살렘 성을 나와 인근 베다니로 가신 이유입니다. 그리고 월요일 아침, 예루살렘으로 향하셨습니다. 예수님 일행은 베다니에서 아침을 먹지 못한 채 나오셨습니다. 그러다 잎사귀가 무성한 무화과나무를 발견합니다. 철이 아니어서 아무 열매도 없는 것이었지만, 그 무화과나무를 저주하십니다. 약간은 억지스럽지만, 전하시고 싶은 메시지는 분명하였습니다.

무엇이 있을까 하여 가셨더니 _막 11:13

'무엇이 있는 것처럼 보이는 무엇이 없는 무화과나무', 우리가 이 사건을 무심코 지나칠 수 없는 이유는 "무화과의 때가 아님이라"(막 11:13)는 기록 때문입니다. 그것을 주님이 몰랐던 것입니까?

F. F. Bruce의 《The Hard Saying of Jesus》란 책에 의하면, 보통 팔레스타인 지역에서는 무화과 열매를 일 년에 세 번 수확하는데, 6월, 8월 그리고 12월입니다. 하지만 주님이 열매를 구한 시기는 약 4월 초순 정도로 보입니다. 그렇다면 정말로 무화과가 열리는 시기가 아니었습니다. 하지만, 원래 무화과는 아니지만, 열매가 열리기 6주 전 즈음 잎사귀가 무성하게 된 후에 작은 열매가 열리는데, 이것을 '타크쉬'라고 부릅니다. 나그네들이 주로 그 열매를 따먹는다고 합

니다. 그러니까 예수님이 잎사귀가 무성한 무화과나무에게서 요기 하시려고 타크쉬를 찾은 것은 충분히 납득할 만한 일입니다. 중요한 것은 그 열매(타크쉬)가 열리는 정도에 따라서 본 열매(무화과)가 얼마나 열릴 수 있는지 측정할 수 있다고 합니다. 주님이 당연히 그 사실을 모를 리 없으셨습니다. 그런데 예수님은 열매를 얻을 수 없었기에 저주하십니다. 그렇다면 주님이 저주하신 이유는 무엇입니까?

분명히 무화과나무가 잘못한 것은 없습니다. 하지만 그 풍성한 잎사귀와 모습 때문에 누군가 오해하여 무화과가 열린 것처럼 보인 것에 대해 주님은 문제를 삼으신 것입니다. 그래서 애꿎은 무화과나무가 본보기가 된 것입니다. 그런 의미에서 상징적 분노입니다.

여하튼 무화과나무를 저주한 예수님의 상징적인 분노는 무엇이 있는 것처럼 보이지만 실상은 예루살렘 성전을 강도의 소굴로 만든, '무엇이 있는 것처럼 포장한' 바리새인, 제사장, 서기관 등을 향하신 것이었습니다.

무엇이 있는 것처럼

'무엇이 있는 것처럼', 이같이 부풀리는 오해에 빠져서는 안 됩니다. 그들이 만든 '무엇이 있는 것처럼'의 도구는 성전이었습니다. 성전을 기막히게 지어 사람들을 미혹한 것입니다. 그것이 헤롯이 성전을 지은 이유였습니다.

미리 준비한 풍선을 꺼내어 불기 시작합니다. 아래 글을 계속 읽어
내려가면서 조금씩 풍선에 바람을 불어 넣습니다.

마카비 혁명으로 세워진 하스모니안 왕조가 무너지자 로마는 정
통 유대인이 아닌 이두메(에돔) 족속 출신인 헤롯을 왕으로 세웁니
다. 처음부터 자신의 정통성에 문제가 있었던 헤롯이 했던 여러 일
들 중에 대표적인 것이 예루살렘 성전을 다시 지은 것입니다. 무려 1
천 명의 제사장과 2만 명이 동원된 대역사였습니다. 여기서 놓치지
말아야 할 것은 제사장들이 함께 참여했다는 점입니다. 그들 역시
건물의 크기와 과시하는 것에 동의했던 것입니다. 헤롯의 의도와 목
적은 간과하고 말입니다. 그렇게 해서 지어진 성전의 대리석 하나의
높이가 평균 90-120센티미터나 되었는데, 제자들의 반응에서도 알
수 있듯이 그 위용이 엄청난 것이었습니다.

> 예수께서 성전을 떠나가실 때에, 제자들 가운데서 한 사람이 예수께
> 말하였다. "선생님, 보십시오! 얼마나 굉장한 돌입니까! 얼마나 굉
> 장한 건물들입니까!"_막 13:1, 새번역

이같은 반응은 아마도 성전에 쓰인 어떤 돌 하나의 길이가 무려
12미터이며 무게가 100톤이나 되는 것이 있었다고 전승으로 전해

지는 그 돌을 보고 한 말인지도 모릅니다. 여하튼 주님의 제자들까지 감탄할만한 엄청난 모습이었습니다. 그것으로 하나님의 거룩하심이 거기에 거하실 것 같은 착각에 빠지게 하였습니다. 성공한 것입니다. 거기까지는 괜찮았는지 모릅니다. 그리고 진정한 예배를 드렸다면 말입니다.

묵상 퍼포먼스

계속 불던 풍선이 웬만큼 커진 상태에서 멈춥니다. 여기까지는 괜찮고 보기 좋습니다. 잠시 멈춘 후 다시 조금씩 바람을 집어넣습니다. 아래 글을 읽으면서 터지기 일보직전까지 천천히 불어넣으십시오.

하지만 그들은 멈추지 않았습니다. "기도의 집을 강도의 소굴"(막 11:17)로 바꿨습니다. 결국 그곳은 하나님이 거할 수 없는 곳이 되었습니다. 주님의 저주가 그것을 말합니다.

예수께서 이르시되 네가 이 큰 건물들을 보느냐 돌 하나도 돌 위에 남지 않고 다 무너뜨려지리라 하시니라 _막 13:2

멸망의 공식
헤롯의 성전은 그 지은 동기부터 순수하지 않았지만, 제자들의 반응에서 보듯이 성전 건물의 위용만으로 하나님이 거하실 것 같은 착각에 빠뜨린 것입니다. 오늘날 성전의 위기도 거기에 있습니다. 웅장하고 화려한 건물과 내부 시설을 가지고 신앙을 말하려는 태도입니다. 하나님과 영적 교제인 기도와 삶을 통하여 신앙을 고백하고 증언하지 않고 말입니다.

더 큰 문제는 다른 사람들만이 아니라 자기 자신마저 속게 된다는 점입니다. 예를 들어 자신과 비교도 되지 않는 황소를 흉내 내며 바람을 집어넣다가 배가 터져 죽은 이솝우화 〈개구리와 황소〉 이야기처럼 될 가능성이 열립니다. 자신을 잃는 것입니다. 심지어 영혼마저 과장되어 터질 수도 있습니다. 잠언 기자는 이것을 엄중히 경고하였습니다.

교만은 패망의 선봉이요 거만한 마음은 넘어짐의 앞잡이니라
_잠 16:18

왜 교만은 패망에 이르는 것입니까? 거기서 헛된 영광을 추구하기 때문입니다. 그 치명적인 원죄의 시작도 자신을 부풀리는 것으로 상징될 수 있는 뱀의 유혹이었습니다.

너희가 그것을 먹는 날에는 너희 눈이 밝아 하나님과 같이 되어 선악을 알 줄을 하나님이 아심이니라 _창 3:5

말도 안 되는 속삭임에 넘어간 것입니다. 자신을 부풀리는 것의 결과입니다. 자신도 모르는 사이에 영적인 파괴까지 이르게 되는 것입니다.

사탄의 유래로 인용되기도 하는 구절인, 하나님의 바벨론 심판을 결정하신 이사야의 기록은 이같은 이해를 하는 데 도움이 됩니다.

> 12너 아침의 아들 계명성이여 어찌 그리 하늘에서 떨어졌으며 너 열국을 엎은 자여 어찌 그리 땅에 찍혔는고 13네가 네 마음에 이르기를 내가 하늘에 올라 하나님의 뭇 별 위에 내 자리를 높이리라 내가 북극 집회의 산 위에 앉으리라 14가장 높은 구름에 올라가 지극히 높은 이와 같아지리라 하는도다 15그러나 이제 네가 스올 곧 구덩이 맨 밑에 떨어짐을 당하리로다 _사 14:12-15

끝이 없습니다. 우리가 스스로 부풀리는 오류에 빠지기 시작하면 끝없이 계속됩니다. 터질 때까지, 상상할 수 없는 존재가 될 때까지 말입니다. 안타까운 것은 터져야 결국 끝난다는 것입니다.

끝나기 전에

이미 대제사장들과 서기관들은 그 늪에 빠져 있었습니다. 그런데 주님이 외형적 과시의 문제를 언급하셨습니다. 더구나 그 지적의 방향이 정확하게 자신들을 향하고 있었습니다. 그것을 알았습니다. 그

가르침이 옳았음에도 불구하고 자신들의 기득권을 놓칠 수 없었습니다.

기득권의 욕망은 끝이 없습니다. 하나님과 같이 되고 싶은 욕망에 사로잡히기도 합니다. 터질 때까지, 상상할 수 없는 존재가 될 때까지 부풀려집니다. 결국 예수를 죽이기로 결정합니다.

> 대제사장들과 서기관들이 듣고 예수를 어떻게 죽일까 하고 꾀하니 이는 무리가 다 그의 교훈을 놀랍게 여기므로 그를 두려워함일러라
> _막 11:18

이 엄청난 위험을 알고 있었기 때문에 주님은 무리하게 죄 없는 무화과나무를 예로 드신 것입니다. 아주 조금이라도 자기가 아닌 것은 드러내지 말라는 말씀이었습니다.

"거짓의 냄새라도 풍기지 말고, 내가 잘못이 없더라도 다른 사람이 속을 만한 행동도 하지 말라."

묵상 퍼포먼스

터지기 일보 직전까지 불다가 풍선이 빵빵해진 상태에서 멈춥니다.

이같이 멈추는 것이 옳습니다. 안 그러면 터집니다. 이처럼 신앙은 멈추는 것입니다. 하나님 앞에 서는 것입니다. 자신이 어떤 존재

인지 알고 직시하는 것입니다.

　단순히 멈추는 것을 넘어서, 자신의 원래로 돌아가는 것이 필요합니다. 바로 힘을 빼는 것입니다. 물론 이것은 용기가 필요합니다.

묵상 퍼포먼스

풍선을 꼭 쥐고 천천히 바람을 빼기 시작합니다. 풍선이 쭈글쭈글해져서 원래 크기까지 작아지도록 바람을 뺍니다.

　바람을 다 빼고 난 후의 풍선은 쭈글쭈글해져서 무엇인가 잃은 것처럼 보입니다. 그러나 이 풍선은 이제 터질 이유가 없습니다. 하지만 이것이 진실입니다. 이것이 생명입니다. 이렇게 살아도 됩니다. 이것을 잠언 기자는 겸손이라고 말했습니다. 그 겸손이 곧 존귀라고 말합니다. 그러나 우리는 부풀린 풍선이 존귀라고 생각합니다. 우리가 교정해야 할 인식의 오류 중의 하나입니다.

　사람의 마음의 교만은 멸망의 선봉이요 겸손은 존귀의 길잡이니라
　_잠 18:12

　우리가 존귀하게 되는 것은 바람을 불어넣어 크게 되는 것이 아니라, 주님이 우리를 존귀하게 하실 때입니다. 사실 우리는 지금 이대로 존귀한 존재입니다. 이것을 잊지 말아야 합니다.

하나님, 우리는 우리 모습대로 소중하고 아름답습니다. 그런데 자꾸 자신을 부풀리고 싶어합니다. 하나님 앞에서 우리가 원래 모습대로 서는 것을 잊지 말게 하시고, 매순간 정직한 선택을 하도록 인도하옵소서. 예수님 이름으로 기도합니다. 아멘

묵상 행동

자신을 과장하고 부풀렸던 것들을 교정하십시오. 가능하면 지우십시오. 할 수만 있다면 사과하십시오.

36일. 화요일
고난주간 행동 묵상

화요일,
돈을 버리다

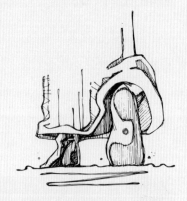

³열둘 중의 하나인 가룟인이라 부르는 유다에게 사탄이 들어가니 ⁴이에 유다가 대제사장들과 성전 경비대장들에게 가서 예수를 넘겨 줄 방도를 의논하매 ⁵그들이 기뻐하여 돈을 주기로 언약하는지라 _눅 22:3-5 (더 읽기, 눅 22:1-6)

논쟁과 논쟁

그들이 아침에 지나갈 때에 무화과나무가 뿌리째 마른 것을 보고 베드로가 생각이 나서 여짜오되 랍비여 보소서 저주하신 무화과나무가 말랐나이다 _막 11:20-21

주님이 월요일에 저주하신 무화과나무가 화요일에 말라 있었습니다. 주님이 얼마나 심각하게 예언하셨는지를 말합니다. 진실로 저주하신 것입니다. 우리의 껍데기 신앙이 얼마나 위험한 것인지를 드러내는 증거입니다. 주님은 매우 강력하게 열매 없는 무화과나무 같은 외식을 경고하셨습니다.

> ²⁷화 있을진저 외식하는 서기관들과 바리새인들이여 회칠한 무덤 같으니 겉으로는 아름답게 보이나 그 안에는 죽은 사람의 뼈와 모든 더러운 것이 가득하도다 ²⁸이와 같이 너희도 겉으로는 사람에게 옳게 보이되 안으로는 외식과 불법이 가득하도다 _마 23:27-28

월요일에 벌어진 주님의 성전 정화 사건과 함께, 이같은 주님의 말씀은 예루살렘의 기득권 종교 세력들의 강력한 반발을 불러 일으켰습니다. 그런 까닭에 화요일에 다시 예루살렘으로 들어왔을 때, 저들은 예수를 여러 가지 방법으로 공격하기 시작하였습니다. 하지만 예수님 역시 전혀 피할 생각이 없으셨습니다. 강력한 논쟁이 시작된 이유입니다.

'포도원의 두 아들 비유'(마 21:28-32), 직접적으로 유대의 종교지도자들을 겨냥한 '악한 농부의 비유'(눅 20:9-16), '혼인잔치를 베푼 임금의 비유'(마 22:1-14), '가이사에게 바치는 세금 논쟁'(마 22:15-22), '사두개인들과의 부활 논쟁'(마 22:23-33) 등 수많은 논쟁이 있었고, 주님은 치명적으로 '성전 붕괴'에 대한 말씀을 하셨습니다(마 24:1-2). 마지막 시대에 벌어질 징조들과 표적에 대한 말씀이 이어졌습니다(마 24:4-25:46).

이 엄청난 주제의 논쟁과 토론으로 예수님은 일순간에 예루살렘 논란의 중심부로 들어서셨습니다. 이처럼 분명하게 자신들의 문제를 지적하는 예수를 보면서, 그들은 "예수를 흉계로 잡아 죽일 방도를 구하며" 고민하였습니다. 이런 음모는 화요일에 집중적으로 전개됩니다.

그들은 먼저 구체적으로 증거수집에 들어갔지만 쉽지 않았습니다. 그 중에 결정적인 것이 성전 붕괴에 관한 것이었지만, 그럼에도 불구하고 유월절이 가까웠기 때문에 민요(民擾)가 일어날까 걱정이었습니다. 결국 그들은 "지금 명절 중에는 하지 말자"고 내부 의견을 모읍니다.

그 때에 대제사장들과 백성의 장로들이 가야바라 하는 대제사장의 관정에 모여 예수를 흉계로 잡아 죽이려고 의논하되 말하기를 민란이 날까 하노니 명절에는 하지 말자 하더라 _마 6:3-5

돈의 지혜

그런데 바로 그때, 내용은 무엇인지 알 수 없지만, 가룟 유다가 사람들의 소요 위험을 잠재우면서 예수를 쉽게 잡을 수 있는 방법을 제안한 것으로 보이는데, 그 제안에 종교지도자들은 흔쾌히 수락합니다(눅 22:3-5).

내가 예수를 너희에게 넘겨 주리니 얼마나 주려느냐 _마 26:15

잊지 말아야 합니다. 돈이 가져다주는 초월적 능력 같은 것이 있습니다. 돈이 우리에게 지혜를 가져다준다는 사실 말입니다. 그래서 주님은 하나님과 대적할만한 존재로 돈(재물)을 언급하기까지 하였습니다.

한 사람이 두 주인을 섬기지 못할 것이니 혹 이를 미워하고 저를 사랑하거나 혹 이를 중히 여기고 저를 경히 여김이라 너희가 하나님과 재물을 겸하여 섬기지 못하느니라 _마 6:24

유다에게도 돈의 욕망을 이용하여 사탄이 다가온 것입니다. 유다는 마치 노예를 팔듯이 예수의 몸값을 흥정하였습니다. 결국 유다는 그 당시 노예의 몸값인 은 삼십 냥(출 21:32)에 예수를 팔아넘깁니다. 완전히 돈 때문이었습니다. 더 놀라운 것은 유다의 인간적 지혜가 극대화된 것입니다. 성경은 그 내용이 무엇인지 자세히 기록하고 있지 않습니다. 복음서의 기록만을 그대로 읽으면 몸값을 흥정한 후 "그가 그때부터 예수를 넘겨줄 기회를 찾더라"(마 26:16)에 제한됩니다. 하지만 주님께서 제자들과 무리지어 다니셨으므로 예수를 체포하는 것은 쉬운 일이었습니다. 그러니까 은 삼십 냥을 대가로 받았다면 무엇인가 제안한 방법이 더 있었을 것이라고 추측할 수 있습니다.

사실 그동안 대제사장과 기득권 세력은 예수를 죽이기 위한 수많은 방법을 생각하고 있었습니다. 그래서 채택한 방법은 로마에게는 유대인의 왕이라는 반역 음모로, 유대인들에게는 성전 붕괴에 대한 예언(마 24:2)을 근거 삼아 성전모독죄로 고발하려는 음모였습니다. 하지만 이 모든 것을 반로마 정서가 특히 강력하게 드러나는 유월절 기간에 하기에는 명분이 너무 부족했습니다. 그들이 명절 기간에는 하지 말자고 한 결정적인 이유입니다.

하지만 놀랍게도 대제사장들과 그 무리들은 목요일 밤에 유다의 도움을 받아 감람산에서 전격적으로 예수를 체포합니다. 민란을 두려워하던 그들이 실행한 것입니다. 그리고 요식적인 종교재판을 거친 후 로마의 빌라도 법정에 세웁니다. 물론 유대인의 왕이라는 반역죄로 고소한 것이었지만 그들의 강력한 외침은 다른 것을 말하고 있었습니다.

그들이 소리 지르되 없이 하소서 없이 하소서 그를 십자가에 못 박게 하소서 빌라도가 이르되 내가 너희 왕을 십자가에 못 박으랴 대제사장들이 대답하되 가이사 외에는 우리에게 왕이 없나이다 하니

_요 19:15

그러나 빌라도는 예수가 죄 없다고 방면을 명하였고, 심지어 유월절 사면을 핑계로 강력 범죄자인 바라바를 거론하며 예수를 석방시킬 계획을 세웁니다. 설마 바라바를 놓아주라고 하겠느냐는 생각이

었을 것입니다. 그런데 놀랍게도 그들은 바라바를 놓아주고 예수를 십자가에 못 박으라고 요청한 것입니다.

성경에는 자세히 기록되어 있지 않지만, 유다의 제안을 받고 "예수를 넘겨 줄 방도를 의논"하다가 "그들이 기뻐하여 돈을 주기로 언약"(눅 22:4)한 것에 주목할 필요가 있습니다. 동시에 바라바의 방면과, 예수를 십자가에 못 박으라고 백성들을 대제사장들이 선동하는 장면을 주시해야 합니다. 그들이 갑자기 담대해졌기 때문입니다.

> ¹¹그러나 대제사장들이 무리를 충동하여 도리어 바라바를 놓아 달라 하게 하니 ¹²빌라도가 또 대답하여 이르되 그러면 너희가 유대인의 왕이라 하는 이를 내가 어떻게 하랴 ¹³그들이 다시 소리 지르되 그를 십자가에 못 박게 하소서 _막 15:11-13

민란이 일어날까 두려워서 아예 유월절 기간에 하지 말자고 하던 그들이 이렇게 갑자기 적극적으로 태도가 바뀐 것은 무엇 때문이겠습니까? 구약성경에서 신명기 법(신 21:23)을 찾아냈기 때문이라는 해석 외에는 달리 설명할 길이 없습니다. 십자가, 곧 나무에 매달리는 것에서 신명기 법이 연상된 것으로 보입니다. 어쩌면 이것이 바로 대제사장들이 유다와 방도를 논의하다가, 기뻐하며 돈을 주기로 한 결정적 비밀일지 모릅니다. 유대 사람들이 예수를 신성모독 죄인으로 인식하게 한 것입니다. 실제로 예수가 십자가에 못 박히자 놀랍게도 소요는 아예 사라집니다.

그 시체를 나무 위에 밤새도록 두지 말고 그 날에 장사하여 네 하나님 여호와께서 네게 기업으로 주시는 땅을 더럽히지 말라 나무에 달린 자는 하나님께 저주를 받았음이니라 _신 21:23

하루 이틀 전까지도 민란을 두려워하던 제사장들과 종교 지도자 그룹이 이렇게 담대하게 십자가에 매달 것을 요청하고 몰아붙였던 것은 누군가 그렇게 할 수 있는 아이디어를 주었기 때문일 것입니다. 정황상 가룟 유다일 것이라고 생각하는 이유입니다. 만약 그렇다면 유다에게 임한 돈이 주는 지혜는 놀랍지 않을 수 없습니다. 하물며 스승을 팔아넘기는 것을 보면 돈의 힘이 얼마나 큰지 알게 됩니다. 모두 돈 때문이었습니다. 3년 동안 함께 있던 예수님의 제자였어도 소용없었습니다. 사탄이 예수님을 시험할 때 떡의 문제가 그 시작이었던 것처럼, 유다는 거기에서 넘어진 것입니다.

우리는 돈 앞에서 갑자기 지혜로워집니다. 돈을 벌기 위해 수단과 방법을 가리지 않습니다. 무엇보다 순수함을 상실합니다. 겉은 아름다워 보이지만 이미 속은 음흉해졌고 그 무너진 곳에서 하나님은 이차적 존재가 됩니다. 돈이 전부가 된 것입니다.

주님, 이 시간, 마음에서 돈을 버리기 원합니다. 돈 때문에 예수를 믿는 모든 행위를 버립니다. 오로지 주님께로 시선을 고정합니다. 돈으로 인한 지혜가 아니라 주님으로 인한 지혜를 구합니다. 주님 도와주시옵소서. 예수님의 이름으로 기도합니다. 아멘

🔘 묵상 행동

오늘은 돈을 묵상하십시오. 돈, 곧 성공과 부요를 위해 예수를 믿었다면 그 마음을 버리십시오. 우리는 돈이 아니라 주님을 믿어야 합니다. 돈을 위해 주님을 추구해서는 안 됩니다.

37일. 수요일
고난주간 행동 묵상

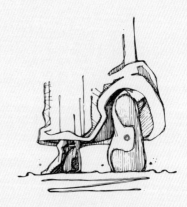

수요일,
서점으로 가다

37예수께서 낮에는 성전에서 가르치시고 밤에는 나가 감람원이라 하는 산에서 쉬시니 38모든 백성이 그 말씀을 들으려고 이른 아침에 성전에 나아가더라 _ 눅 21:37-38

사탄의 인간 연구

내가 예수를 너희에게 넘겨 주리니 얼마나 주려느냐 _ 마 26:15

누가복음은 이같은 유다의 행동을 사탄에게 사로잡힌 행동이라고 기록하였습니다.

열둘 중의 하나인 가룟인이라 부르는 유다에게 사탄이 들어가니

_눅 22:3

사탄이 역사하는 순간은 무궁무진합니다. 우리가 우리 자신을 과신해서는 안 되는 이유입니다. 유다에게 돈은 사탄이 들어가 살기 좋은 환경이었고, 가이사랴 빌립보에서 베드로에게는 허세 혹은 교만이었습니다.

《순전한 기독교》의 저자 C. S. 루이스가 쓴 《스크루테이프의 편지》는 악마학교 교장이었던 '스크루테이프'(Screwtape)가 영국에 파견된 제자 악마 '웜우드'(Wormwood)에게 젊은 지식인을 무신론자에 머물게 하는 방법을 31통의 편지에 써서 보내는 것으로 구성되었습니다.

이 책의 목적은 물론 "악마의 삶을 고찰하려는 것이 아니라 인간의 삶을 새로운 각도에서 조명하려는 것이기 때문"(스크루테이프의 편지, 198)이라고 밝히고 있지만, 서문에서 루이스는 악마에 대해 생각할 때 사람들이 빠지기 쉬운 오류 두 가지를 지적했습니다. 하나는 악마의 존재를 믿지 않는 것이고, 다른 하나는 악마의 존재를 믿되 불건전하게 지나친 관심을 쏟는 것이라고 말입니다. 재미있는 것은, 루이스의 책에서 사탄이 인간을 연구하고 있다는 인상을 지울 수 없는 것입니다. 그런 의미에서 유대 종교지도자들은 사탄처럼 예수를 죽이려고 모의합니다.

화요일의 모의만이 아니었습니다. 수요일에도 하나님과 사람들

사이의 중보 역할을 하던 대제사장들과 성경 말씀을 풀고 해석하는 서기관들이 계속해서 예수를 죽이려고 준비하고 있었습니다. 그들은 심지어 성경을 공부하고 있었습니다. 성경에서 예수를 무너뜨릴 수 있는 구절을 찾으려는 것입니다. 그러니 예수를 죽이려는 연구였습니다. 그런 의미에서 수요일은 고난주간 동안 눈에 띌만한 사건이 없었던 하루이지만, 태풍의 눈에 들어선 것과 같은 시간이었습니다. 조용하였지만 음모는 진행되고 있었고, 배신은 꿈틀대고 있었습니다. 보이지 않는 압박이 흐르고 있었습니다.

서점으로 가라

상대적으로 조용해보였지만 수요일은 매우 급박한 하루였습니다. 그런데 주님 역시 아름다운 수요일을 보내고 있었습니다. 비록 짧은 기록이지만, 그 내용이 참 아름답습니다. 어떻게 우리가 이 험난하고 위험스러운 세상을 이기며 살 수 있는지를 배우게 되는 부분입니다.

> 37예수께서 낮에는 성전에서 가르치시고 밤에는 나가 감람원이라 하는 산에서 쉬시니 38모든 백성이 그 말씀을 들으려고 이른 아침에 성전에 나아가더라 _눅 21:37-38

예수님이 죽음을 앞두고 압박감을 이기는 방법에서 가장 중요한 것은, 본문 말씀에서 드러난 것처럼 마지막 순간까지 자신에게 주어진 일을 하는 것이었습니다. 마라톤 결승점까지 포기하지 않고 달려가 결승점을 지났을 때 모든 진이 빠져 주저앉는 그런 모습입니다. 예수님의 아름다움은 이처럼 마지막까지 최선의 경주를 다하는 데서 찾을 수 있습니다.

하지만 우리는 위기를 만났을 때 모든 것을 포기하는 경향이 있습니다. 그러므로 평상심을 유지하고 매일을 살아갈 수 있는 것, 죽음의 순간까지 원래 모습을 잃어버리지 않고, 호들갑을 떨지 않고 설 수 있는 것, 그런 모습이 중요합니다. 그럴 때 다시 마음을 정리하고 공부를 시작하십시오. 학원에 등록하든지, 혹은 잔뜩 읽고 싶었던 책을 들고 자기 방으로 들어갈 것을 권합니다.

우리 민족이 풍전등화 같았던 시절, 세계열강들이 탐내며 혀를 날름거리던 시절에, 이미 일본은 모든 계획을 수립하고 가장 적극적으로 우리나라를 넘보고 있었습니다. 그때 아펜젤러와 언더우드 같은 선교사가 우리나라에 왔습니다. 하나님이 그들을 보내서서 한 일이 무엇입니까?

우선 병원을 세웠지만, 가장 중요하게 한 일이 학교를 세운 일이었고 출판사를 만들어 성경을 번역하고 책을 찍어내는 일이었습니다. 먹고 살기도 바쁘고 나라가 무너지는 시대인데, 하나님이 그들에게 감동을 주신 일은 교육과 출판이었습니다.

그러므로 오늘 서점으로 가시기 바랍니다. 주님과 동행하기에 적합한 책을 한 권 사서 오늘 하루 종일 그 책을 읽으시기 바랍니다. 첫 번째 수요일에 하라고 권면하고 싶은 일입니다.

교회로 가라

수요일을 생각할 때 놓치지 말아야 두 번째는 감람원에서 하신 예수님의 '쉼'입니다. 감람원은 주님이 목숨을 걸고 기도하셨던 겟세마네 동산을 말합니다. 거기서 주님은 하나님과 깊은 만남과 교제의 기도를 하셨습니다. 그러니까 감람원은 주님이 하나님을 만나는 장소였던 것입니다.

우리는 여기서 예수님이 기도하실 때 무엇을 얻으시는지에 대한 의문이 풀립니다. 한마디로 주님은 '쉼'을 얻으셨던 것입니다. 계속 나아갈 수 있었던 힘의 근원이었습니다.

사실 기도의 깊이는 노동과 관계가 있습니다. 그러나 기도의 깊이가 깊어지면 깊어져갈수록 기도는 어느 순간 '쉼'으로 바뀝니다. 하나님이 만지시기 때문입니다. 그런 까닭에 그 쉼은 곧 새로운 힘으로 변화됩니다. 극심한 고민 가운데서 기도를 시작하였던 예수님이 매우 담대함으로 죽음을 향하여 걸어갈 수 있었던 것처럼 말입니다. 그러니까 하나님 안에서의 쉼은 새로운 힘을 얻게 하는 통로인 것입니다.

수요일, 고난주간으로 분류된 일주일 중 상대적으로 눈에 띄는 사역이 보이지 않던 날에, 주님은 이른 아침부터 찾아온 사람들을 하루 종일 가르치시고, 밤에는 감람원에서 깊이 쉬는 시간을 가졌습니다. 일종의 행복한 잔치, 말씀 사경회와 이어지는 개인적인 안식이었습니다. "가르치면서, 그리고 기도하면서 쉼을 얻다." 주님이 고난 앞에서 하신 방법입니다. 사실 크리스천이 잃어버린 영성의 내용입니다.

묵상 퍼포먼스

오늘 저녁 교회로 가십시오. 내일 종말이 오더라도 평온한 마음으로 예배하며 기도하십시오. 우리가 모든 것이 끝난 후에, 하나님 나라에서도 하게 될 우리들의 존재 방식이기 때문입니다.

수요일 기도

기도하는 것이 쉼이고, 말씀이 음식이며 예배가 쾌락입니다. 다른 방법으로 쉼을 찾지 않게 하옵소서. 시대가 어두워질수록 열심히 공부하게 하시고 열심히 기도하게 하옵소서.

성경을 펼 때 주님의 음성이 들리게 하시고, 책을 읽을 때 어디에나 계신 주님의 지혜를 깨닫게 하옵소서. 홀로 당신 앞에 서서 침묵하며 기도할 때 당신을 만나게 하시고, 그 영적인 깊이에 들어서게 하옵소서. 오로지 주님으로 기대하며 살게 하옵소서. 예수님 이름으로 기도합니다. 아멘

묵상 행동

오늘은 말씀을 읽고 경건 서적을 읽는 것으로 치열하게 하루를 사시고 저녁에는 예배하러 교회로 가십시오. 그리고 말씀과 기도 가운데 임하시는 쉼을 누리십시오.

38일. 목요일
고난주간 행동 묵상

목요일,
떡 없이
기억하다

그들이 먹을 때에 예수께서 떡을 가지사 축복하
시고 떼어 제자들에게 주시며 이르시되 받아서
먹으라 이것은 내 몸이니라 하시고 _마 26:26 (더
읽기, 마 26:19-26)

유월절 성찬

내가 고난을 받기 전에 너희와 함께 이 유월절 먹기를 원하고 원하였
노라_눅 22:15

무거운 압박이 오던 수요일은 목요일까지 이어졌습니다. 그리고
저녁, 주님은 제자들과 유월절 만찬을 같이 하셨습니다. 엄밀하게

보면, 예수님은 유월절 예비일(금요일)에 하는 만찬을 하지 않으시고, 하루 더 앞당겨 목요일에 만찬을 하셨습니다. 그렇게 하신 이유는 무엇입니까? 이를 알기 위해서 예수님이 죽으신 때를 살필 필요가 있습니다.

보통 유월절 예비일의 오후 3시에는 유월절 양을 도살했습니다. 그런데 놀랍게도, 유월절 예비일 오후 3시에 예수님이 십자가에서 운명하셨습니다(막 15:33, 성경의 제구시는 오후 3시를 말함). 결국 예수님이 자신을 유월절 어린 양과 동일시했다는 것을 알 수 있습니다. 이미 이같은 사실을 세례 요한이 예언한 바가 있습니다. 요한은 예수님을 가리켜서 "세상 죄를 지고 가는 하나님의 어린 양"(요 1:29)이라고 표현하였습니다.

예수님은 정확하게, 이 땅 위에 있는 우리의 모든 죄를 대신 지고 죽음을 당하기 위해 오신 것입니다. 그리고 그 아름다운 죽음으로 우리와 함께 살기를 원하셨음을 알 수 있습니다. 주님은 우리를 떠나 살기를 원치 않으신 것입니다. 이렇게 우리와 함께 살기를 원하시는 아름다운 모습이 제자들에게 주시던 떡과 포도주로 표현되었습니다. 예수님의 이 소원은 예수님이 태어나던 날부터 시작되었습니다. 예수님이 태어나신 지명 '베들레헴'의 의미가 '떡집'이라는 것을 기억하면 쉽게 이해할 수 있습니다.

그렇다면 주님이 우리의 양식이 되신 이유는 무엇 때문입니까? 그것을 어떻게 설명해야 합니까? 주님이 우리 안에 들어와 우리와 함께 살기를 원하신 것입니다. 그러므로 우리가 성만찬을 할 때마다 다짐해야 하는 것은 주님과 함께 사는 것에 대한 것입니다.

> ¹⁹… 이것은 너희를 위하여 주는 내 몸이라 너희가 이를 행하여 나를 기념하라 ²⁰… 이 잔은 내 피로 세우는 새 언약이니 곧 너희를 위하여 붓는 것이라 _눅 22:19-20

'너희를 위하여 주는 내 몸', 이것이 주님의 마음이었습니다. 몸을 찢어 제자들에게 주고 싶은 간절함, 그것이 주님의 사랑의 깊이였습니다. 주님은 이 사실을 우리가 잊지 않기를 원하셨습니다. 그래서 주님은 성만찬의 귀중함을 지킬 것을 요청하셨습니다. 주님이 "이를 행하여 나를 기념하라"(눅 22:19)고 말씀하신 것입니다.

헬라어 성경에서는 '기념하다'가 '기억하다'의 의미로 해석됩니다. 이것은 잊을 수 없는 것이 우리 삶에 묻어 있어 흘러나와야 한다는 뜻입니다. 그렇게 주님은 우리와 함께 있고 싶었던 것입니다.

주님은 자신을 떡에 비유하여 먹게 하심으로 도무지 잊을 수 없는 기억이 되게 하셨습니다. 그리고 기억하라고 부탁하셨습니다. 그러나 그들은 예수를 기억할 수 있는 존재가 아니었습니다. 비록 그들이 겟세마네 동산으로 나아갈 때, 베드로가 이렇게 소리치며 다짐했지만 말입니다.

> 모두 주를 버릴지라도 나는 결코 버리지 않겠나이다 _마 26:33

그리고 그들은 '한 시간'도 깨어 있을 수 없는 존재였습니다.

돌아오사 제자들이 자는 것을 보시고 베드로에게 말씀하시되 시몬
아 자느냐 네가 한 시간도 깨어 있을 수 없더냐 _막 14:37

한 명도 깨어 있는 자가 없었습니다. 모두 자고 있었습니다. 놀랍
게도 유월절의 그 처연한 만찬도 소용없었습니다.

묵상 퍼포먼스

떡 없이 기억하다! 우리가 수없이 많은 성찬식을 해왔다면, 오늘은
그 성찬을 하며 떡을 떼고 먹는 것보다 더 중요한 것, 주님이 말씀하
신 '기억하는 것'에 집중하십시오. 주님을 기억하는 것이 더 중요합
니다.
가능하다면 오늘은 떡 없이 주님을 기억하십시오. 어떤 연상 작용
도 없이 주님을 기억하십시오. 오늘 하루 주님을 생각하십시오. 기
억 속에 두십시오.

떡을 먹다
보통 성금요일에는 성찬식을 하든지 혹은 부활주일에 성찬식을 하
게 됩니다. 그때 반드시 떡을 제대로 드십시오. 우리가 제대로 먹어

야 할 이유가 반드시 있습니다. 우리를 위한 지극한 그리스도 예수의 사랑과 용서가 들어 있기 때문입니다.

성경을 자세히 읽어보면 알 수 있지만, 주님이 지신 죄는 이 세상 모든 종류의 죄에 대한 것이었습니다. 가룟 유다를 보면 알 수 있습니다. 주님은 유다도 포기하지 않으셨습니다.

유월절 식사 때 떡을 떼어주시던 주님이 "너희 중의 한 사람이 나를 팔리라"(마 26:21)고 말씀하셨습니다. 모든 제자들이 근심하며 "주여 나는 아니지요?"(마 26:22)라고 물을 때였습니다. 주님의 대답은 명확했습니다.

대답하여 이르시되 나와 함께 그릇에 손을 넣는 그가 나를 팔리라
_마 26:23

그때 유다가 물었습니다. "랍비여 나는 아니지요?"(마 26:25). 하지만 유다였습니다. 그가 팔 자였습니다. 주님이 분명하게 말씀하셨습니다.

그때 예수님을 팔아 넘길 유다가 "선생님, 저입니까?" 하고 묻자 예수님은 "그렇다" 하고 대답하셨다. _마 26:25, 현대인의성경

가룟 유다였습니다. 그런데 그 후에도 만찬은 계속되었고, 여전히 유다는 거기에 있었습니다. 이어지는 말씀을 읽어보면 알 수 있

습니다.

그들이 먹을 때에 예수께서 떡을 가지사 축복하시고 떼어 제자들에게 주시며 이르시되 받아서 먹으라 이것은 내 몸이니라 _마 26:26

놀라운 것은, 요한복음이 기록했지만, 유다도 예수님이 말씀하시고 건넨 바로 그 떡을 받았습니다. 그리고 그 떡을 가지고 나갑니다. 그것이 끝이었습니다. 그러나 유다의 손에 들려 있었을 떡이 주님의 포기하지 않는 마음이었을지도 모릅니다.

26예수께서 … 조각을 적셔서 가룟 시몬의 아들 유다에게 주시니 30… 유다가 그 조각을 받고 곧 나가니 밤이러라 _요 13:26,30

⬭ 묵상 퍼포먼스

성찬식에 참여하게 되었을 때, 받은 떡을 매우 정확하게 주님의 길을 따르겠다고 다짐하고 먹으십시오. 만일 마음의 준비가 되지 않았다면, 떡을 들고 기도하며 준비가 된 후에 드십시오.

1시간 기도를 하다

'한 시간'도 깨어 있지 못했던 것을 회개하시고, 오늘은 한 시간은 깨어서 기도하십시오. 시계 타이머로 1시간을 맞추고, 정확하게 1시간을 지켜 기도하십시오. 그리고 하루에 1시간 기도를 일상화하는 시도를 하십시오.

한 시간도 기도하지 못하는 그들의 영성은 앞으로의 모든 상황을 예측하게 하였습니다. 주님은 그 모습을 "마음에는 원이로되 육신이 약하도다"(마 26:41)라는 말씀으로 표현하셨습니다.

물론 주님은 앞으로도 우리의 연약함을 긍휼히 여기시고 기도하실 것입니다. 하지만 이제 그만 위로받기를 결정해야 합니다. 그냥 1시간을 지키십시오. 아무리 먹고 살기 바빠도 꼭 기도를 지키십시오. 그리고 주님의 죽음과 부활을 만나길 바랍니다. 더욱이 '1시간도 깨어 있지 못한' 존재가 주님의 부활을 맞기에 적합하다고 여기십니까? 주님은 괜찮다고 말씀하실지 몰라도 우리는 스스로에게 면죄부를 줘서는 안 됩니다.

오직 1시간 기도하기를 열망하며 실제적인 방법을 제시한 저의 책《절대 1시간 기도》(아르카)를 참조하시면 도움이 될 것입니다.

주님은 괜찮다고, "마음에는 원이로되 육신이 약하도다"라고 말씀
하시면서 우리를 위로하시겠지만, '한 시간도' 기도하지 못하는 우
리를 쉽게 용서하지 말고 경성하여 회개하며 지키겠습니다.

매일 우리가 무너지며 세상에서 크리스천으로서 온전한 삶을 살지
못한 것은 한 시간도 기도할 수 없는 영성 때문인 것을 압니다. 그러
므로 오늘 하루 기도 시간을 지키게 도와주시고, 오늘 하루만이 아
니라 평생 이렇게 기도할 수 있는 존재가 되도록 도와주옵소서. 우
리의 다짐이 시들거나 사그러들지 않도록 하여주옵소서. 성령이여,
우리를 인도하여 주옵소서. 예수님의 이름으로 기도합니다. 아멘.

묵상 행동

오늘은 꼭 1시간을 기도하십시오. 계속 이어 할 수 없다면 몇 번을
나눠서라도 꼭 1시간을 채우십시오. 그것이 1시간 기도를 지키는
시작이 되게 하십시오.

금요일, 닭 울음소리와 제구시 기도

제육시로부터 온 땅에 어둠이 임하여 제구시까지 계속되더니 [46]제구시쯤에 예수께서 크게 소리 질러 이르시되 엘리 엘리 라마 사박다니 하시니 이는 곧 나의 하나님, 나의 하나님, 어찌하여 나를 버리셨나이까 하는 뜻이라 _마 27:45 (더 읽기. 마 27:46-53)

닭 울음소리를 듣고도

가룟 유다의 도움을 받은 대제사장들을 비롯한 종교지도자들은 예수가 기도하고 계신 감람산으로 가서 밤의 고요를 틈타 예수를 체포합니다. 약간의 저항이 있었지만 제자들은 모두 도망쳤고, 그래서 종교 지도자들은 새벽이 오기 전까지 예수를 전임 대제사장 안나스의 예비심문을 거쳐(요 18:12-23) 대제사장 가야바가 심문하는 산헤드린 공회 앞에 세울 수 있었습니다(마 26:59-71).

이와같이 일사천리로 진행되던 그 자리를 멀찍이 서서 좇아가던 사람이 베드로입니다. 성경은 그가 "예수를 멀찍이 따라 대제사장의 집 뜰 안까지 들어가서 아랫사람들과 함께 앉아 불을 쬐더라"(막 14:54)라고 기록합니다. 마치 구경 온 사람처럼, 거기서 베드로는 예수님이 당하시는 모욕과 비참하게 취급받는 것도 남김없이 보았습니다. 그런데 그 칼날은 점점 베드로를 찾고 있었습니다.

결국 대제사장의 종들이 베드로를 알아보았습니다. 올 게 온 것입니다. 하지만 그때 베드로는 부인하였습니다. 다른 방법이 없었습니다. 예수님이 당하시는 모욕을 보면서도 부인하였고, 주님이 예언하신대로 닭이 울 때조차 주님을 부인하였습니다. 그때 주님이 쳐다보시는 눈길 앞에서도 그 부인을 멈추지 못했습니다. 아니, 저주까지 하였습니다. 참혹했습니다.

> 베드로가 저주하며 맹세하되 나는 너희가 말하는 이 사람을 알지 못하노라 _막 14:71

살려는 욕망의 표현이었습니다. 그런데 주님이 그런 베드로를 보고 계셨습니다. 주님과 눈이 마주친 것입니다. 공동번역이 매우 적나라하게 번역하였습니다.

> 그 때에 주께서 몸을 돌려 베드로를 똑바로 바라보셨다.
>
> _눅 22:61, 공동번역

놀라운 것은, 주님의 예언도 기억났고 지금은 예수님이 그를 똑바로 쳐다보고 있는 상황인데도 불구하고, 그가 고작 할 수 있었던 것은 그곳을 빠져나가 홀로 통곡하는 것이었습니다.

그제서야 베드로는 "오늘 닭이 울기 전에 나를 세 번 모른다고 할 것이다" 하신 주님의 말씀이 떠올라 밖으로 나가 슬피 울었다.

_눅 22:61-62, 공동번역

하염없이 울었을 것입니다. 어쩌면 예수를 부인한 입술과 예수를 저주한 입술을 치면서 울었을 것입니다. 그것밖에 할 수 없었습니다. 그것이 전부였습니다. 아, 바로 우리의 모습입니다. 그래서 우리는 베드로를 비난할 수 없습니다. 그 상황에서 우리도 그렇게 행동했을 것이기 때문입니다.

그런데 기막힌 것은 우리 주님이십니다. 주님은 뛰쳐나간 베드로를 탓하지 않으셨습니다. 어쩌면 그의 통곡 소리를 듣고 계셨을지도 모릅니다. 그 소리를 들으며 십자가로 걸어가셨을 것입니다. 묵묵히 그러나 행복하게, 부인하고 저주한 베드로를 품고 말입니다. 우리를 품고, 우리를 위해서 말입니다.

이제 돌아보십시오. 내 삶 속에서 예수를 부인하였던 시간들을 기억해내시고, 혹시 입으로 부정하고 입으로 주님을 더럽혔던 때가 기억난다면 자신의 입을 때리십시오.

두 번째 울음소리

마가복음은 매우 구체적으로 베드로가 부인할 것을 예언하였는데, 다른 복음서와 달리 정확하게 닭이 "오늘 이 밤 닭이 두 번 울기 전에 세 번 나를 부인하리라"(막 14:30)라는 말씀이었습니다. 그래서 마가복음은 정확하게 예수의 예언을 좇아 베드로가 행동한 것을 기록합니다.

> 71 그러나 베드로가 저주하며 맹세하되 나는 너희가 말하는 이 사람을 알지 못하노라 하니 72 닭이 곧 두 번째 울더라 _막 14:71-72

'두 번째 울더라', 닭이 두 번째 울었다는 말은 이전에도 한 번 울었다는 뜻입니다. 그렇다면 처음 닭 울음소리는 언제 들린 것입니까? 베드로가 예수를 저주하며 부인할 때 닭이 두 번째 울었다는 것을 보면, 이전에 두 번 부인할 때 닭이 한 번은 울었을 것이라고 생각할 수 있습니다. 그렇다면 베드로는 닭 울음소리, 즉 예수님의 음성을 들으면서 부인한 것입니다. 그러니 주님의 말씀을 까마득히 잊고 있었는지도 모릅니다.

우리도 동일합니다. 우리도 베드로처럼 주님의 음성을 들으면서도 범죄합니다. 내 마음속에서 끊임없이 용서하라고 주님이 말씀하시지만 귀를 막은 때가 부지기수이고, 불의와 더러움을 행할 때 우리를 향하여 말씀하시지만 일부러 지나쳐 들은 때가 수없이 있었음을 고백하지 않을 수 없습니다.

이 닭 울음소리는 오늘 우리에게 중요한 의미를 던져줍니다. 만일 이 닭 울음소리가 없었다면, 정확히 말해서 "오늘 이 밤 닭이 두 번 울기 전에 세 번 나를 부인하리라"(막 14:30)라는 주님의 예언이 없었다면, 베드로는 가룟 유다처럼 회개할 기회를 놓쳤을 것입니다.

베드로는 닭 울음소리에서 주님의 음성을 다시 들은 것입니다. 닭 울음소리에서 주님의 기다리시는 사랑을 본 것입니다. 미리 모든 것을 아시는 하나님의 인내하심과 인자하심을 본 것입니다. 자신이 부인하고 저주할 것을 미리 아시고, 사랑으로 웃으시면서 자신을 정죄하거나 무시하지 않으시는 주님의 인정이 보인 것입니다. 아마 평생 베드로는 닭을 먹지 않았을 것입니다.

더 중요한 것은, 모든 사람들이 닭 울음소리를 들었을 것입니다. 그러나 닭 울음소리 앞에 가슴이 무너진 사람은 베드로뿐이었습니다. 영국의 회심을 일으켰던 요한 웨슬리 목사가 올더스게이트의 어느 교회에서 들었던 로마서 주석 서문은 그 교회에 있던 모든 사람들이 들은 음성이었습니다. 그런데 유난히 웨슬리가 회심하였습니다.

닭 울음소리는 어디에서나 들을 수 있습니다. 어거스틴이 하나님의 음성을 들었던 통로였던 아이들의 떠드는 소리도 어디서나 들을 수 있습니다. 세상의 모든 것이 하나님이 말씀하시는 통로인 것을 알 수 있습니다. 그런데 우리의 문제는 그 닭 울음소리가 들리지 않는 것입니다.

그러므로 주의해야 합니다. 늘 말씀을 읽고 묵상하며 하나님의 음성 듣기를 추구해야 합니다. 내게 익숙한 세상의 음성보다 하나님 만나기를 추구해야 합니다. 그리고 매일 나를 쳐서 복종시키며 그 음성을 좇는 수련을 멈추지 말아야 합니다.

어느 날 우리는 분명히, 나약한 베드로처럼 밖으로 나가 우는 것으로 끝나지 않을 것입니다. 오히려 그곳으로 다시 뛰어 들어가 이렇게 외칠 수 있을 것입니다. 진실로 이렇게 되길 기도합니다.

"그렇다. 나도 그와 함께 있었다. 내가 예수의 제자다. 내가 그를 사랑하노라."

금요일 기도

우리 입술은 주님만 말하지 않았습니다. 세상을 말하고 더러움을 말하고 악을 드러냈습니다. 우리 마음이 죄로 가득 차서 그랬습니다. 우리는 힘이 없는 존재였습니다. 입술을 다스리지도 못했지만 우리 몸도 다스리지 못했습니다. 우리는 더러운 존재였습니다. 지금도 더러운 존재입니다. 그래도 우리를 긍휼히 여기시는 주님 앞에 나아가며 나지막이 외칩니다. 아직은 자신이 없기 때문입니다. "내가 예수의 제자다. 내가 그를 사랑하노라."

그러나 어느 날 천둥처럼 외치기를 소원합니다. 그런 제자가 되길 진심으로 열망합니다. 그렇게 추구하겠습니다.

"내가 예수의 제자다. 내가 그를 사랑하노라."

예수님의 이름으로 기도합니다. 아멘

제구시 기도

성 금요일을 묵상하면서 기억해야 할 매우 중요한 시간이 있는데, 바로 제구시, 곧 오후 3시입니다. 성경의 기록입니다.

> [33]제육시가 되매 온 땅에 어둠이 임하여 제구시까지 계속하더니 [34]제구시에 예수께서 크게 소리 지르시되 엘리 엘리 라마 사박다니 하시니 … _막 15:33-34

제구시에 주님이 하나님으로부터 완전히 버림받으신 채 우리들의 죄를 대신 짊어지시고 운명하십니다. 바로 그 시간, 주님이 운명하시던 그 시간에 "성소의 휘장이 한 가운데가 찢어지더라"(눅 23:45)라고 성경은 기록합니다.

'성소의 휘장이 찢어지다.' 그 휘장은 하나님과 우리 사이를 구분하는 것이었습니다. 인간이 하나님께 직접 나아갈 수 없다는 것을 표현하는 것이었습니다. 그런데 그 휘장이 찢어진 것입니다. 우리가 하나님께 나아가는 데 방해되는 것이 더 이상 존재하지 않게 되었다는 뜻입니다. 우리의 기도는 즉각 응답되고, 우리의 행위는 그 자체가 능력의 유출임을 말하는 것입니다.

'제구시', 능력이 나타나는 시간에 벌어진 기막힌 일을 기록하면서, 다른 복음서와 달리 마태복음은 매우 현상적인 일들을 적고 있습니다.

> 51이에 성소 휘장이 위로부터 아래까지 찢어져 둘이 되고 땅이 진동하며 바위가 터지고 52무덤들이 열리며 자던 성도의 몸이 많이 일어나되 53예수의 부활 후에 그들이 무덤에서 나와서 거룩한 성에 들어가 많은 사람에게 보이니라 _마 27:50-53

베드로와 요한이 제구시 기도시간에 기도하려고 성전으로 올라갈 때입니다. 그들은 미문이라는 성전의 또 다른 문에 앉아 있는 '나면서부터 걷지 못하는 이'를 만났습니다. 그는 베드로와 요한에게 구걸하였습니다. 그때 베드로가 말합니다. "우리를 보라"(행 3:4). 참 멋있습니다.

그 걸인은 "무엇을 얻을까 하여"(행 3:5) 베드로와 요한을 쳐다보았습니다. 그때 베드로가 다시 말합니다. 예수님이 하신 일들을 제외하고는 역사상 가장 아름다운 명령이었습니다.

베드로가 가로되 은과 금은 내게 없거니와 내게 있는 것으로 네게 주
노니 곧 나사렛 예수 그리스도의 이름으로 걸으라 _행 3:6

'내게 있는 것', 베드로가 가지고 있는 것, 물질적이고 가시적인 것
은 없었습니다. 지금 현상으로 드러낼 수 있는 것, 그가 가지고 있는
것은 '나사렛 예수 그리스도의 이름'이었습니다. 베드로는 그 이름
으로 명령하였습니다. 그것은 곧 행동으로, 능력으로 나타났습니다.
이것이 예수의 죽음과 휘장이 찢어진 것을 통해, 늘 기도와 삶으로
하나님과 교제하는 자들에게, 그 바탕에서 제구시 기도를 드릴 수
있는 자들에게 나타나는 권세였습니다. 우리에게도 이런 능력이 있
습니다. 그러므로 제구시 기도를 회복하십시오.

묵상 행동

예수께서 우리의 모든 죄를 지시고 죽으심으로 지성소의 휘장이 찢
어진 제구시, 곧 오후 3시를 기억하며 기도할 수 있는 것은 축복입니
다. 그러므로 오늘 오후 3시 성전을 향하여 몸을 돌리고 기도하는 시
간을 가지십시오.

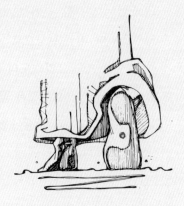

토요일,
죽음의 의미

그는 허물과 죄로 죽었던 너희를 살리셨도다 _엡
2:1 (더 읽기 _엡 2:2-7)

⬤ 묵상 퍼포먼스

상징적으로 초를 켜두고 오늘 묵상을 시작합니다.

또 다른 제자들

> 예수께서 신 포도주를 받으신 후에 이르시되 다 이루었다 하시고 머리를 숙이니 영혼이 떠나가시니라 _요 19:30

예수께서 십자가에 못 박혀 죽으신 후, 모든 예수 운동은 종료되었습니다. 더욱이 십자가 나무에 달려 죽은 사건은 신명기 법으로 해석되었는데, 하나님께 저주 받아 죽은 자로 여겨졌습니다. 대제사장들과 종교 세력의 완벽한 승리였습니다. 끝이었습니다. 그러나 예수의 시신을 그대로 십자가에 내버려둘 수는 없었습니다. 독수리 같은 새떼가 시신을 훼손하는 것이 보통이었기 때문입니다. 무기력하여 도망친 제자들과 달리 예수의 시신을 거둔 이는 아리마대 요셉이었습니다. 쉬운 일이 아니었습니다. 우선 대제사장들의 음모가 성공하여 하나님의 저주를 받아 죽은 자를 거두는 것은 신성모독에 다름없는 까닭에 유대인들이 두려웠을 것입니다. 그래서 아리마대 요셉이 빌라도에게 가서 요청한 시간은 금요일 저녁이었습니다. 유대인들 때문에 저물었을 때에 찾아온 것입니다.

> 저물었을 때에 아리마대의 부자 요셉이라 하는 사람이 왔으니 그도 예수의 제자라 _마 27:57

뿐만 아니라, 아리마대 요셉은 로마 정부도 두려웠을 것입니다.

예수가 모함 받았다는 것을 빌라도가 알고 있었지만, 유대인의 왕이라는 반란음모죄로 처형된 것이어서 쉽지 않은 상황이었습니다. 그런데 그가 빌라도를 찾아간 것입니다.

사실 그동안 아리마대 요셉은 자신이 주를 좇는 제자라는 것을 유대인들에게 숨기고 있었습니다. 그들이 두려웠기 때문이었습니다. 그래서 그동안 숨기고서 몰래 예수를 좇는 삶을 살았던 것입니다.

그 후에 아리마대 사람 요셉이 빌라도에게 예수님의 시체를 가져가게 해달라고 요구하였다. 요셉은 예수님의 제자이면서도 유대인 지도자들이 두려워서 자기가 제자라는 것을 숨기고 있었다. 빌라도가 허락하자 그는 가서 예수님의 시체를 내렸다. _요 19:38. 현대인의성경

그는 거침없이 빌라도에게 요청하였습니다. 그리고 자신이 묻히려고 준비했던 새 무덤(마 27:69)에 예수의 시신을 모셨습니다. '그도 예수의 제자'였습니다. 뿐만 아니라 그곳에는 또 한 사람이 있었습니다. 바로 니고데모입니다. 니고데모는 예수님의 시신에 바를 몰약과 침향 섞은 것 100근을 가지고 나옵니다(요 19:39). 모두가 숨어 있던 그때 담대하게 나타난 것입니다. 이렇게 두 사람이 예수의 장례를 치릅니다. 그들도 우리가 몰랐던 예수의 제자들이었습니다. 그렇게 예수께서 무덤에 묻히셨습니다.

초를 끕니다. 그리고 잠시 동안 침묵합니다. 아무 것도 볼 수 없는 암흑은 예수의 죽음을 상징합니다. 5분에서 10분 정도 암흑 속에서 침묵하며 주님의 죽음에 동참합니다. 그때 죄가 떠오를 때마다 '예수' 이름을 부름으로 죄를 흘려보내십시오.

침묵한 후 초를 다시 켜지 말고, 희미한 전등을 켜고 다음의 글을 읽어가며 묵상하십시오.

진실로 죽으셨다

> ³성경대로 그리스도께서 우리 죄를 위하여 죽으시고 ⁴장사 지낸 바 되셨다가 성경대로 사흘 만에 다시 살아나사 _고전 15:3-4

토요일은 주님이 무덤에 묻혀계셨던 때입니다. 그런 까닭에 토요일은 상징적으로 예배가 없습니다. 의미가 없기 때문입니다. 우리가 드릴 예배의 대상인 예수께서 무덤에 계시기 때문입니다.

사흘 동안 죽으셨다는 것은 놀라운 사실을 말합니다. 죽으신 것입니다. 우리 죄를 대신 짊어지시고 실제로 죽으신 것입니다. 우리 죄가 실제로 십자가에 못 박혀 예수의 죽음과 함께 사라진 것입니다.

내가 그리스도와 함께 십자가에 못 박혔나니 그런즉 이제는 내가 사는 것이 아니요 오직 내 안에 그리스도께서 사시는 것이라 _갈 2:20

우리가 이해할 수 없는 일이지만, 그리스도이신 예수께서 실제로 죽으셨습니다. 그 말은 스스로 살아날 수 없다는 뜻입니다. 예수가 십자가에서 들은 소리는 사실이기 때문입니다.

관리들은 비웃어 이르되 저가 남을 구원하였으니 만일 하나님이 택하신 자 그리스도이면 자신도 구원할지어다 _눅 23:35

그러므로 부활은 그리스도 예수가 스스로 살아나신 것이 아니라, 성부 하나님께서 하신 일입니다.

8사람의 모양으로 나타나사 자기를 낮추시고 죽기까지 복종하셨으니 곧 십자가에 죽으심이라 9이러므로 하나님이 그를 지극히 높여 모든 이름 위에 뛰어난 이름을 주사 _빌 2:8-9

하나님이 그를 일으키신 것입니다. 더불어 우리도 예수와 함께 살아난 것입니다. 왜냐하면 예수는 진실로 죽으셨기 때문입니다. 우리 죄가 진실로 사함 받았다는 확증이기도 합니다.

4긍휼이 풍성하신 하나님이 우리를 사랑하신 그 큰 사랑을 인하여

⁵허물로 죽은 우리를 그리스도와 함께 살리셨고 (너희는 은혜로 구원을 받은 것이라) ⁶또 함께 일으키사 그리스도 예수 안에서 함께 하늘에 앉히시니 _엡 2:4-6

묵상 퍼포먼스

다시 불을 끄고 침묵합니다. 이때 갈라디아서 2장 20절을 속으로 암송하면서, 다음 글의 괄호 안에 제안한 동작을 하는 지점마다 멈춰 자신에게 적용하고 침묵합니다.

내가 그리스도와 함께(손을 X자로 펴서 자신을 안는다).
십자가에 못 박혔나니(예수가 못 박히시는 장면을 그리며 묵상한다).
그런즉 이제는 내가 사는 것이 아니요(고개를 아래로 푹 숙임으로 자신을 부정하는 것을 표현한다).
오직 내 안에 그리스도께서 사시는 것이라(고개를 드는 것으로 그리스도 안에서 회복되었음을 인정한다).

토요일 기도

주님께서 나를 위해 죽으실 때 나도 같이 죽었음을 인정합니다. 또한 주님께서 죽으시고 무덤 속으로 들어갈 때 나도 같이 거기에 있었습니다. 그리고 사흘 만에 부활하실 때, 나도 주님과 함께 부활한 존재로 거듭났음을 시인하고 받아들입니다. 진실로 그렇습니다. 주 예수여, 나를 불쌍히 여기시옵소서. 예수님의 이름으로 기도합니다. 아멘

묵상 행동

오늘 하루는 찬송이 입에서 나오려고 할 때 멈추십시오. 그것이 얼마나 괴로운지 경험하십시오. 기도가 나올 때 기도를 멈추십시오. 기도하지 못하는 것이 얼마나 고통스러운 것인지 경험하십시오.
그리고 토요일 밤에 잠자리에 들 때, 모든 행위를 멈추고 감사기도를 드린 후에 부활을 기대하며 잠을 청하십시오. 그리고 내일, 주님이 부활하신 아침에 감사하는 기도를 드리십시오.

부록 2
부활주일 묵상

일요일,
세상 끝 날까지

⁵무덤에 들어가서 흰 옷을 입은 한 청년이 우편에 앉은 것을 보고 놀라매 ⁶청년이 이르되 놀라지 말라 너희가 십자가에 못 박히신 나사렛 예수를 찾는구나 그가 살아나셨고 여기 계시지 아니하니라 보라 그를 두었던 곳이니라 _막 16:5-6 (더 읽기, 막 16:7-11)

부활을 믿지 않다

예수 그리스도께서 부활하셨습니다. 그런데 제자들 안에서는 부활하지 않았습니다. 우리 안에서도 그럴 수 있습니다. 우리는 빈 무덤을 가장 강력한 부활의 증거라고 주장합니다. 그런데 그것도 강력한 것이 될 수는 없습니다.

제일 먼저 그것을 알았던 "막달라 마리아와 야고보의 어머니 마리아와 또 살로메"(막 16:1) 등은 천사로 보이는 한 청년이 제자들에게 가서 전하라는 예수의 말, "예수께서 너희보다 먼저 갈릴리로 가시나니 전에 너희에게 말씀하신 대로 너희가 거기서 뵈오리라 하라"(막 16:7)를 듣고서도 아무 것도 할 수 없었습니다.

여자들이 몹시 놀라 떨며 나와 무덤에서 도망하고 무서워하여 아무에게 아무 말도 하지 못하더라 _막 16:8

그래도 누가복음을 읽어보면 그 후에 여자들이 제자들에게 가서 말합니다. 하지만 아무도 믿지 않습니다.

9무덤에서 돌아가 이 모든 것을 열한 사도와 다른 모든 이에게 알리니 10(이 여자들은 막달라 마리아와 요안나와 야고보의 모친 마리아라 또 그들과 함께 한 다른 여자들도 이것을 사도들에게 알리니라) 11사도들은 그들의 말이 허탄한 듯이 들려 믿지 아니하나 _눅 24:9-11

제자들 중에서 베드로는 직접 무덤 안으로 들어가 상황을 봅니다. 세마포만 있었습니다. 베드로는 그것을 이상하게 여길 뿐이었습니다. 그것이 전부였습니다.

베드로는 일어나 무덤에 달려가서 구부려 들여다 보니 세마포만 보이는지라 그 된 일을 놀랍게 여기며 집으로 돌아가니라 _눅 24:12

베드로에 이어 다른 제자가 무덤에 들어가 확인합니다. 그 역시 빈 무덤과 세마포를 확인하지만 믿지는 않았습니다. "그 때에야 무덤에 먼저 왔던 그 다른 제자도 들어가 보고 믿더라"(요 20:8)고 요한이 기록하지만, 그것은 예수가 부활했다는 것을 믿었다는 의미가 아닙니다. 혹시 독자가 오해할까봐 요한이 설명을 덧붙였습니다.

저희는 성경에 그가 죽은 자 가운데서 다시 살아나야 하리라 하신 말씀을 아직 알지 못하더라 _요 20:9

그리고 베드로와 그 제자는 "자기 집으로 돌아"(요 20:9) 갑니다. 그것이 끝입니다. 이제 상황은 심각해졌습니다. 아무도 예수님이 가 있으라고 한 갈릴리의 그 산으로 갈 리가 없는 상황이 벌어진 것입니다. 그래서 그런 것이라고 특정할 수 없지만, 주님은 직접 막달라 마리아를 만나셨습니다(막 16:9, 요 20:11-18). 마가복음과 요한복음이 그 사실을 기록하고 있습니다.

제자들이 믿지 않다

두 제자가 집으로 가버린 후 막달라 마리아가 "혼자 무덤 밖에 서서 울고"(요 20:11) 있는데 주님이 그녀를 만납니다. 이 엄청난 사건을 경험한 마리아가 다시 제자들에게 가서 자신이 직접 만난 사실을 알렸습니다. 하지만 여전했습니다. 제자들은 주님의 부활을 믿지 않습니다.

마리아가 가서 예수와 함께 하던 사람들이 슬퍼하며 울고 있는 중에 이 일을 알리매 그들은 예수께서 살아나셨다는 것과 마리아에게 보이셨다는 것을 듣고도 믿지 아니하니라 _막 16:10

부활하신 예수가 두 번째 나타나신 대상은 엠마오로 가는 두 제자였습니다. 열두 제자가 아니었습니다. 주님은 그들과 동행하면서 말씀을 나누셨습니다. 주님이 그들의 대화에 끼어들어 먼저 질문하였습니다.

너희가 길 가면서 서로 주고 받고 하는 이야기가 무엇이냐 _눅 24:17

예수님의 이 질문 앞에 그들은 소상히 설명하기 시작하였습니다. 오히려 물어보는 예수님에게 "그것도 모르냐?"고 핀잔 섞인 말도 하였습니다. 내용은 이랬습니다.

나사렛 예수는 선지자인데 "이스라엘을 속량할 자라고 바랐"(눅 24:21)었다. 그런데 대제사장 등에 의해 십자가 판결을 받고 못 박혀 죽었다. 그것이 전부인줄 알았는데, 무덤을 찾아갔던 여자들이 빈 무덤을 발견하였고, 천사들이 "그가 살아나셨다"고 한 말을 들었다고 하더라. 그런데 예수는 보지 못하였다고 하더라. _눅 24:19-24. 저

그렇게 대화하면서 드디어 엠마오에 도착합니다. 그리고 그들의 집에서 떡을 떼실 때 예수이신 줄 알아봅니다. 이들은 다시 예루살렘으로 돌아가서 제자들에게 알립니다. 그러나 마찬가지였습니다. 제자들은 역시 믿지 않았습니다.

12그 후에 그들 중 두 사람이 걸어서 시골로 갈 때에 예수께서 다른 모양으로 그들에게 나타나시니 13두 사람이 가서 남은 제자들에게 알리었으되 역시 믿지 아니하니라_막 16:12-13

그것이 끝이 아니었습니다. 아예 주님이 직접 제자들에게 나타나시기 때문입니다. 요한복음의 기록입니다.

이날 곧 안식 후 첫날 저녁 때에 제자들이 유대인들을 두려워하여 모인 곳에 문들을 닫았더니 예수께서 오사 가운데 서서 가라사대 너희에게 평강이 있을찌어다 이 말씀을 하시고 손과 옆구리를 보이시니 제자들이 주를 보고 기뻐하더라 _요 20:19-20

요한복음은 이 정도로 기록하지만, 마가복음은 매우 적나라하게 주님의 모습을 기록하고 있습니다.

그 후에 열한 제자가 음식 먹을 때에 예수께서 그들에게 나타나사 그들의 믿음 없는 것과 마음이 완악한 것을 꾸짖으시니 이는 자기가 살아난 것을 본 자들의 말을 믿지 아니함일러라 _막 16:14

요한복음에는 기록하고 있지 않았지만, 꾸짖으신 것은 배려였고 기회였습니다. 이어 주님은 그들에게 곧바로 파송명령을 내리셨습니다.

예수께서 또 가라사대 너희에게 평강이 있을찌어다 아버지께서 나를 보내신 것 같이 나도 너희를 보내노라 _요 20:21

이것은 두려워하는 제자들을 배려하는 것이었습니다. 너희들을 포기하지 않았다는 메시지였습니다. 이 엄청난 사건 앞에서 그들은 드디어 믿었을 것입니다. 하지만 아무 의미 없는 일이었습니다.

믿지만 아무 의미가 없다

오늘의 우리 역시 예수를 믿지만, 그 이상은 아무 것도 아닙니다. 기막힌 상황입니다. "믿는 것 외에는 아무 관심이 없다. 더욱이 부르심, 하나님 나라는 멋있는 말의 액세서리에 불과하다." 이것이 진실입니다. 도대체 왜 이런 것입니까? 누가복음은 이 이유를 이렇게 설명하였습니다.

미련하고 선지자들이 말한 모든 것을 마음에 더디 믿는 자들이여

_눅 24:26

주님은 믿음이 마음과 관계있다고 지적하셨습니다. 그것을 "마음에 더디 믿는다"는 표현으로 설명했습니다. 헬라어 성경은 '서서히, 더딘'으로 번역되는 '브라데이스'라는 단어를 썼습니다. NIV 번역으로 읽어보면 "how slow of heart to believe all"입니다. '천천히' 혹은 '더디게' 믿는다는 번역이 편해 보이지만, 그 뉘앙스는 '소극적'이라는 뜻입니다. 그러니까 지나치게 조심해서 믿는다는 뜻입니다. 당연히 이렇게 소극적이고 조심하는 이유는 자기 사랑에 기인합니다. "유대인들을 두려워하여" 모인 곳의 문을 닫았다는 것에서 알 수 있듯이, 그들은 자신을 끔찍이 사랑하고 있었고, 어떤 도전도 헌신도 새로운 결단도 하지 않은 것입니다. 그럴 마음이 없었던 것입니다. 'slow of heart'(마음의 느림), 그것이 이유였습니다.

'더디 믿다.' 열심히 적극적으로 능동적으로 주님을 믿지 않습니다. 베드로가 했던 것처럼 "멀찍이" 서서 주를 좇아갈 뿐입니다. 그럴 때 만나는 수없는 시험 앞에서 매번 넘어집니다. 믿음이 있다고 말할 수 없습니다. 그렇게 살다가 인생의 끝을 만납니다. 믿지만 믿지 않는 삶을 살다가 끝나는 것입니다. 그러니 한번 열심히 믿어보십시오.

제자들은 어느 누구도 움직이지 않았습니다. 그렇게 부활하신 지 8일이나 지났습니다. 다시 움직이신 분은 주님이셨습니다. 요한복

음은 도마를 위해 온 것으로 기록하지만, 주님은 제자들을 다 만나고 부활을 확인시키기 위해서 오셨던 것입니다. 주님은 자신의 몸을 만져보고 확인하라고 하시면서 이렇게 말씀하셨습니다.

도마에게 이르시되 네 손가락을 이리 내밀어 내 손을 보고 네 손을 내밀어 내 옆구리에 넣어보라 그리하고 믿음 없는 자가 되지 말고 믿는 자가 되라 _요 20:27

이 극적인 상황에서 도마는 "나의 주시며 나의 하나님이시니이다"(요 20:28)라고 말하며 믿습니다. 그러자 예수님이 이어서 말씀하십니다.

예수께서 가라사대 너는 나를 본 고로 믿느냐 보지 못하고 믿는 자들은 복되도다 하시니라 _요 20:29

그러면 이제 다 된 것입니까? 요한복음 21장은 제자들이 주님의 파송명령을 따라 움직인 것이 아니라, 고기를 잡으러 디베랴 바다로 간 것을 기록하고 있습니다. 그들은 부활을 믿었지만, 그것 외에는 아무 것도 없었습니다.

나를 믿지 못하다

우리도 그렇게 될 수 있습니다. 그렇게 살 수 있습니다.

그리고 어느 날인지 정확한 시점을 알 수 없지만, 주님은 제자들과 갈릴리의 어느 산, 약속했던 곳에서 만났습니다. 그런데 제자들이 이상했습니다.

¹⁶열한 제자가 갈릴리에 가서 예수께서 지시하신 산에 이르러 ¹⁷예수를 뵈옵고 경배하나 아직도 의심하는 사람들이 있더라 _마 28:16-17

'아직도 의심하는 제자들이 있었다.' 말이 안 되는 제자들의 모습입니다. 사실 부활을 확인한 제자들이 의심하고 있다면, 그것은 주님의 부활이 아니라 다른 것을 의심한 것입니다. 그것은 그들 자신이었을 것입니다. 그들이 걸어온 행적을 누구보다 자신들이 잘 알고 있었습니다. 그들은 자신을 믿을 수 없었던 것입니다. 그러니까 정직한 고백입니다.

'자신을 믿을 수 없다.' 그렇게 시간이 지났고 엄청난 확인을 하였는데, 여전히 의심하는 이유는 무엇입니까? 그들이 한 것이 아무 것도 없기 때문입니다. 그들은 어떤 행동도 하지 않았고, 주님이 그토록 염려하시며 걱정하신 기도조차 하지 못했습니다. 더욱이 제자들은 예수의 고난과 십자가 앞에서 어떤 행동도 하지 않았습니다. 도망치고, 부인하고, 저주하고 팔아넘겼을 뿐입니다. 그들에게는 십자가가 없었습니다. 그래서 믿을 수 없었던 것이고, 주님의 적극적인 노력으로 믿게 되었을지라도, 이번에는 자신을 믿을 수 없었던 것입니다.

그런데 놀라운 일이 벌어집니다. 의심하는 제자들에게 주님이 명령을 내리신 것입니다. 자신을 도무지 믿을 수 없는 그들에게 하신 명령, 지상명령이었습니다.

> 너희는 가서 모든 민족을 제자로 삼아 아버지와 아들과 성령의 이름으로 세례를 베풀고 내가 너희에게 분부한 모든 것을 가르쳐 지키게 하라 볼지어다 내가 세상 끝날까지 너희와 항상 함께 있으리라
>
> _마 28:19-20a

이 명령이 이상하게 보일 수 있습니다. 그러나 이상하지 않습니다. 돌아보면 주님이 처음에 제자들을 부르실 때도 그들이 온전하였기 때문에 부르신 것이 아니었습니다. 또한 주님의 명령은 무책임한 것도 아닙니다. 세상 끝날까지 함께 하시겠다고 약속하시기 때문입니다. 성령을 통하여 늘 함께 하는 것, 그것이 제자들에게 필요하다는 것을 주님은 알고 계셨습니다. 이제 남은 것은 우리가 그리스도와 함께 진짜 크리스천으로 살아보는 것입니다.

> 볼지어다 내가 세상 끝날까지 너희와 항상 함께 있으리라 _마 28:20b

40일 동안 사순절 묵상을 해오면서 깨달은 고난의 의미와 십자가의 의미를 적어보십시오. 그리고 함께 묵상했던 다른 지체들과 함께 나누는 시간을 가져보십시오.